这十年

湖南社区教育的
『四色』
创新实践

杨斌 等 编著

湖南大学出版社
·长沙·

U0457588

图书在版编目（CIP）数据

这十年：湖南社区教育的"四色"创新实践/杨斌等编著. —长沙：湖南大学出版社，2023.9
ISBN 978-7-5667-3177-7

Ⅰ.①这…　Ⅱ.①杨…　Ⅲ.①社区教育—研究—湖南　Ⅳ.①G779.2

中国国家版本馆 CIP 数据核字（2023）第 184337 号

这十年：湖南社区教育的"四色"创新实践
ZHE SHINIAN：HUNAN SHEQU JIAOYU DE "SISE" CHUANGXIN SHIJIAN

编　　著：杨　斌　等
责任编辑：胡建华
印　　装：长沙市雅捷印务有限公司
开　　本：710 mm×1000 mm　1/16　　印　张：20　字　数：305 千字
版　　次：2023 年 9 月第 1 版　　印　次：2023 年 9 月第 1 次印刷
书　　号：ISBN 978-7-5667-3177-7
定　　价：98.00 元

出 版 人：李文邦
出版发行：湖南大学出版社
社　　址：湖南·长沙·岳麓山　　　　邮　编：410082
电　　话：0731-88822559（营销部），88821174（编辑室），88821006（出版部）
传　　真：0731-88822264（总编室）
网　　址：http://www.hnupress.com
电子邮箱：1157331994@qq.com

版权所有，盗版必究
图书凡有印装差错，请与营销部联系

社区教育是终身教育事业的重要组成部分，也是建设学习型社会的重要抓手。2010年，中共湖南省委、省政府出台《中共湖南省委湖南省人民政府关于推进终身教育和学习型社会建设的意见》（湘发〔2010〕9号），明确提出加快发展和普及社区教育。2019年，湖南省教育厅等九部门联合出台《湖南省教育厅等几部门关于进一步推进社区教育发展的实施意见》（湘教发〔2019〕1号），对全省社区教育发展作出整体规划。在政策指导下，湖南省社区教育步入全面发展的新阶段。湖南开放大学与各级各类社区教育机构主动担当作为，推动湖南省社区教育不断向前发展，并取得积极成效。特别是党的十八大以来，湖南省社区教育服务体系逐渐完善，内容日趋丰富，形式不断创新，打造了一批立得住、叫得响的品牌项目，产生了积极广泛的社会影响，初步形成了"一市一特色，一区一品牌"的发展格局。

为宣传展示各市州社区教育优秀成果，推广应用先进经验，促进社区教育事业再上新台阶，湖南省终身教育指导服务中心以"红色""古色""绿色""夜色"为主题，汇集2012-2022年湖南省社区教育的生动实践，编写成《这十年——湖南社区教育的"四色"创新实践》一书。其中，"红色"主要为党的二十大精神学习宣传、党建教育、爱国主义教育等内容；"绿色"主要为绿色种植、乡村振兴、环保节能等内容；"古色"主要为非物质文化遗产、工艺传承等内容；"夜色"主要为夜间开展的教学、研讨和活动等内容。

本书集中体现了湖南省社区教育"以居民需求为导向，以品牌建设为中心，以项目推进为抓手"的发展理念、"从项目化到品牌化"的发展路径，再现了湖南省社区教育事业走向规范化、科学化、质量化的奋斗历程，也展现了广大社区教育工作者的执着坚守与责任担当。希望本书的出版能够激发社区教育工作者深入思考、加强实践，为我国社区教育提供湖南经验、贡献湖南智慧。

编者

2023 年 9 月

第二编 释放绿色动能，助力城乡发展

第三编 绘就古色画卷，提升文化自信

第四编 激发夜色活力，践行终身学习

01 点燃红色引擎，传承理想信念

让红色教育"走新"更"走心"

——长沙社区大学红色教育的实践与探索

一、案例背景

红色教育是传播崇高思想、弘扬革命道德情操、培育新的民族精神的必要途径，红色文化的融入不仅能丰富社区教育内涵，也是新时期建立健全全民终身教育体系、加速建设学习型社会的必然要求。长沙社区大学自2009年依托长沙开放大学成立以来，负责全市社区教育的理论研究、课程建设、业务指导、数字化平台服务和人员培训等工作，秉承"开放、共享、服务"的办学理念，着力满足居民多样化学习需求，不断推进长沙社区教育工作的深入开展。为持续拓展社区教育外延，做好终身教育内涵建设，弘扬红色精神，赓续红色血脉，共享红色资源，多年来，长沙社区大学坚持红色文化与社区教育深度融合，在全市组织开展了一系列工作，使得红色教育"走新"更"走心"，产生了良好的社会效益。

二、主要做法

（一）整合资源，打造红色教育精品课程

长沙社区大学以"终身学习精品课程进社区""社区教育精品社区建设"等常态化教学活动为载体，盘活红色资源，打造红色教育精品课程。

一是坚持能者为师，构建师资队伍。社区大学每年在全市遴选社区教育优秀师资，尤其注重红色教育师资的挖掘，从中小学校、职业院校、高等学校、党政机关、街道社区、"五老"志愿团队等多方吸纳红色教育能人。目前，共有1749名优秀师资入选社区教育师资库，涌现出毛洪兵、邓腊良、傅伟等一批红色教育名师，

逐步建立起一支来源广、能力强、素质高的红色教育师资队伍，为打造红色精品课程奠定了基础。

二是立足本土特色，丰富课程内容形式。根据新时代红色教育"弘扬主旋律、提倡多样化"的要求以及社区受众广泛、本土红色资源多等特征，社区大学不断整合特色资源，丰富课程内容形式。既有传统的党课教学，也有以本地历史人物如徐特立、雷锋为主角的爱国主义精神宣讲，还有兼具教育性、体验性的党风廉政讲座以及红色教育线上课程，先后推出了"习近平新时代中国特色社会主义思想进社区""徐特立革命故事宣讲"等100多堂红色教育精品课，引入了"开天辟地：中国共产党的创立""自我革命与坚守初心牢记使命"等649个红色教育资源。长沙开放大学党委书记、长沙社区大学副校长林涛也深入社区，以《学习党的二十大精神 传承家国情怀 建功伟大时代》为主题向居民讲授党课，多样的课程内容与形式充分满足了社区居民对于红色教育的需求。

长沙开放大学党委书记、长沙社区大学副校长林涛在升达社区讲授党课

三是做好过程管控，保证课程质量。为不断提升红色教育课程质量，社区大学持续探索自主点课、跟踪管理的课程管控模式。一方面，精心设置菜单式选课

表，引导社区根据实际情况自主选择所需的红色教育课程；另一方面，制定并出台了《长沙社区大学送课教师基本要求》《精品课程进社区送教及资料报送流程》等管理细则，从教学内容设计、教学环节设置等方面对授课师资作出要求。社区大学老师也积极前往社区听课，掌握课程开展情况，及时与社区对接，回收学员签到表、教师教学情况反馈表、教师教学课件等过程性材料，切实做好红色教育课程的过程管理与质量提升。

送课教师在东沙社区开展"清风廉政"主题宣讲

（二）多方联动，开展红色教育主题活动

长沙社区大学注重联合各方力量，形成合力推动红色教育主题活动走深走实。

一是横向联合。一方面，长沙社区大学主动对接中共长沙市委老干部局，建立沟通联络机制，共同发动宣传、积极协商，组织市民学习团队参与全省离退休干部"喜迎十九大·颂歌献给党"合唱比赛、"走进新时代·共筑中国梦"广场舞比赛、庆建党100周年"金秋颂党恩·启航新征程"合唱及讲红色故事活动比赛、"喜迎二十大·奋进新征程"文艺比赛等红色主题活动，共计181支队伍参赛，25个作品在全省获奖，长沙社区大学连续四年获优秀组织奖，活动展现了老同志昂扬向上、爱党爱国的精神风貌；另一方面，以每年的"全民终身学习活动周"为契机，联合市总工会、团市委等多个市直部门，面向居民开展"党史学习教育"等红色教育活动，累计举办千余场次，厚植了群众"感党恩、听党话、跟党走"的思想根基。

二是纵向推动。长沙社区大学做好示范引领，在校本部开展了"我心中的红"、庆祝建党100周年"歌唱祖国"等主题活动，并组织学员赴东方红广场、爱晚亭和烈士公园开展书法、摄影等红色游学活动；发挥社区教育四级网络办学优势，通过社区大学、社区学院、社区学校、社区学习中心将红色教育向纵深辐射。如2022年大力开展"廉洁文化进社区"活动，共征集了700余件作品，评选出优秀作品98件，其中浏阳市剪纸作品《清廉》获得市教育局金奖并入选精品展，望城区舞台作品《乌龙茶里的乌龙》作为优秀节目参加了市教育局集中会演。许多作品在全市"一校一品"校园廉洁文化展进行展出，大力推动了清廉文化走近市民，让克己奉公、清廉自守的风气在居民中传播。

校本部学员赴东方红广场开展红色游学活动

三是多方发力。依托"社区教育＋基础教育""社区教育＋职业教育""社区教育＋社会团体"等多种力量参与社区教育的"1+N"模式，聚集中小学校、职业院校、培训机构等各方力量，深入推动了红色教育在社会层面的开展。如依托社会组织在基层建设红色文化长廊，组织党员志愿者、"五老"志愿者进社区讲党课开展红色宣讲，积极开展"童心向党"青少年红色教育活动等。

（三）创新形式，推动"互联网＋"红色教育

长沙社区大学致力于为居民搭建更为便利的红色教育线上快车道。

一是优化平台，促进红色学习。对长沙终身教育学习网不断进行功能升级改造，实现了与"乐学长沙"微信公众号的学习互通、学分共计、同步报名等功能，提升了居民学习体验感。截至目前，注册学员人数逾57万，学习访问超4500万次。持续引进红色历史、红色理论类等精品资源，现有"沿着中国特色社会主义道路走向民族复兴""从党的百年实践逻辑中建构当代中国共产党人的精神谱系"，等红色教育线上课程649个，形成了丰富的红色资源库。

二是开设专栏，丰富红色活动。为弘扬中华民族传统文化，丰富老年同志和社区居民的宅家生活，社区大学精心组织开展了"喜迎二十大·抗击疫情·乐学长沙人"线上系列活动，并丰富了活动推广呈现方式。从页面细节设计、二维码智能推送、应用效果反馈等方面着手，在"乐学长沙"微信公众号开设红色教育互动专栏，汇集系列微课程507门，拓宽了居民的学习渠道，为活动开展提供了技术支持。

三是展示成果，助推乐学共享。为推动红色教育成果共享，在市教育局指导下，社区大学汇集本土优质红色资源，精心打造了探访式纪录片《乐学长沙行》，并在长沙终身教育学习网上进行展播；同时新增"走进活动周"线上展示板块，通过"活动周剪影""精品课程""品牌荣誉""活动成果"四个专题，全面展示了全市历年活动周期间开展的各类学习活动成果608个。其中长沙县"天华少奇讲坛"、开福区"红色幸福加油站"、天心区"先锋大讲堂"等红色终身学习活动品牌得到集中展示，进一步提升了红色的文化表现力、传播力、影响力，充

分发挥出红色教育的辐射推广效应。

三、难点突破

（一）优化顶层设计，推动工作顺利开展

首先，长沙社区大学将开展红色教育工作作为全市社区教育工作的重点内容，并列入全年工作要点，加强顶层设计，予以统筹推进；其次，召开专题筹备会议，如结合疫情防控形势以及上级部门的指示，召开"停课不停学"工作布置会议，围绕红色教育主题，作出线上学习的工作安排；再次，精心制订工作方案，先后出台了《长沙社区大学送课活动方案》《"喜迎二十大·抗击疫情·乐学长沙人"系列活动实施方案》《长沙社区大学清廉文化作品征集活动评审工作方案》等，从时间、内容、流程等多个方面提出要求和作出安排，确保红色教育落到实处。

（二）发挥平台优势，扩大活动影响范围

作为全市社区教育的业务指导平台，长沙社区大学充分利用完善的社区教育四级网络，从各区县（市）社区学院到乡镇（街道）社区学校再到各（村）社区学习中心，层层推进工作，让红色教育渗透进社区；同时，借助长沙终身教育学习网、"乐学长沙"微信公众号等网络平台，开展线上学习与展示活动，为广大社区居民接受红色教育创造条件，让红色文化的影响力、感染力不断扩大，走进居民内心深处。

（三）创新工作思路，突显社区教育特色

长沙社区大学将红色文化融入社区教育，利用社区教育学习内容、学习方式和学习场地灵活多变的特点，开展形式多样的学习活动，赋予了学习者更自由的空间；发挥社区教育的凝聚作用，以影响居民的世界观、人生观，推动形成积极的价值观和态度；借助社区教育的文化导向功能，在红色教育过程中注意内容和形式对居民的文化价值引导，注重社区居民的思想、道德、法律素养的提高，既突显了社区教育特色，也体现出社区教育在红色文化传播方面的优势。

四、成效贡献

（一）创设良好学习条件，居民学在家门口

长沙社区大学开展的红色教育工作，为社区居民随时随地进行红色学习提供了条件。一堂堂生动的党课，让居民在家门口就能开启一次弘扬正气、筑牢思想防线的精神之旅，从而将廉洁自律内化于心、外化于行；长沙终身教育学习网上丰富的课程资源、精彩的活动专栏与展示板块，更是借助互联网技术，打破了时间与空间的界限，突破了传统的教学模式，使社区居民足不出户就能进行沉浸式的红色学习与活动体验，真正实现了"家门口"的红色教育。

（二）形成红色教育品牌，社会影响持续扩大

多年来，长沙红色教育工作的有力开展推动了天华少奇讲堂、红色幸福加油站、先锋大讲堂、清廉文化进社区"一校一品"廉洁文化主题展等10多个红色教育品牌的打造与形成。其中，天华少奇讲堂获评2018年全国"终身学习品牌项目"，"刘少奇与天华"入选2021年全国乡土课程推介展示，红色幸福加油站、先锋大讲堂分别获评2019年、2022年湖南省"终身学习品牌项目"，在全省乃至全国都具有一定的社会影响力。

（三）推动全市工作开展，红色精神深入人心

长沙社区大学在实践中不断推动红色文化与社区教育深度融合，充分发挥了示范引领作用。在长沙社区大学的指导与带动下，各区县（市）社区学院也积极探索推进，如天心区先锋街道南城社区精心打造"南城在线"党课直播间，为辖区内一万余名居民提供微党课直播；高新区雷锋街道荷花塘社区利用雷锋纪念馆和湖南党史陈列馆的红色教育资源，吸纳200余名志愿者，构建"志愿红"体系……红色教育工作在全市范围内持续开展，大力弘扬并传承了红色精神。

长沙社区大学把握红色文化建设的规律，结合实际，大胆创新，为社区教育注入红色基因，深化红色文化育人效果，点燃社区居民的学习热情，持续打造既能体现时代特色，又能体现长沙社区教育特色的红色教育品牌。

望城社区教育"红烛"记
——长沙市望城区社区学院工作纪实

一、案例背景

长沙市望城区作为第二批国家全域旅游示范区之一，红色文化资源丰富，涌现出了郭亮、刘畴西、周以栗、罗养真、雷锋等一批英雄模范人物，留下了许多珍贵的革命遗址、遗迹。全区现存红色文化资源60处，其中：重大纪念设施2处，重要机构旧址13处，重要历史事件及人物活动纪念地6处，纪念设施14处，烈士墓25处。有代表性的重点资源如雷锋纪念馆是国家级爱国主义教育基地、国家4A级景区和省级文物保护单位；郭亮纪念园是省级爱国主义教育示范基地；郭亮烈士墓、湖南和平解放秘密电台工作站旧址为省级文物保护单位；周炳文故居、中共湖南省委旧址等为全区党员党性锻炼和教育的基地。

2021年，望城区出台《"传承红色基因 建设幸福望城"五年规划（2021—2025）》，为进一步开展红色教育，实现红色精神引领、红色基因延续、红色根脉赓续奠定了基础。近几年来，望城社区教育书写出一篇篇具有地域特色的"红烛"记。

二、主要做法

（一）红烛正身——深耕红色资源，开展党史学习

望城区紧扣"学史明理、学史增信、学史崇德、学史力行"这一主线，深耕本区红色资源，广泛组织形式多样的党史学习教育宣讲，用好本土红色资源这部"教科书"，深入开展"我为群众办实事"实践活动，让人民群众更加真切地感受到党史学习教育带来的新变化、新气象。

1. 走红路·忆征程

望城区整合本区红色文化景点资源，重点打造出5条红色旅游精品线路，铜官街道为其中之一。2021年5月30日起，铜官街道开展的"'铜'走红色路·忆征程"主题活动在郭亮纪念园启幕，活动包含4个精心打造的红色教育基地、5公里的徒步路线，共有23个直管党组织，1793名基层党员参与。全体党员用脚步丈量红色记忆，用党史浸润红色基因。

"'铜'走红色路·忆征程"主题活动

在活动的最后一站——袁仲贤故居，全体党员现场认领"微心愿"138个，与街道前期认领的140个"微心愿"相加，累计金额高达10万余元，助力278个贫困家庭实现"微心愿"，以实际行动落实"我为群众办实事"。

2. 就认这个理·金种子宣讲

党史学习教育开展以来，望城区充分发挥本地丰富的红色资源优势，贴近不同群体的需求，围绕"就认这个理·金种子宣讲"活动，组建140余人的宣讲队伍，采取"小宣讲、大境界""小喇叭、大智慧""小课堂、大道理""小板凳、大讲台""小屋场、大共鸣""小车间、大舞台""小少年、大梦想""小分享、大感悟"等"八小八大"形式，让党史学习教育"活"起来、"动"起来，推动党史学习教育深入基层、深入群众、深入人心。到 2022 年年底，已组织各类宣讲共 3000 余场次。

基层巡回宣讲走进乌山街道

3.线下采风·线上传播

为引导属地新媒体从业人士深入挖掘望城红色文化资源的精神内涵，在党史学习教育中充分汇聚新媒体力量，望城区委网信办举行"百年风华·薪火相传"望城红色资源寻宝打卡采风活动，组织一大批网络媒体前往辖区内红色文化景点进行集中采风，掀起讲望城红色故事的热潮，深受群众好评。

一次次激荡心灵的学习研讨，一场场热气腾腾的党史宣讲，一幕幕鲜活生动的现场学习……从机关到企业、从社区到农村、从线上到线下，真理光芒在闪烁，思想共识在凝聚，望城的党史教育如红烛一般，照亮党员干部、社区群众前进的路。

（二）红心向党——赓续红色血脉，传承雷锋精神

雷锋是望城的名片。走进望城，雷锋元素扑面而来，雷锋公园、雷锋雕塑广场、雷锋图书馆、雷锋驿站、雷锋政务超市、雷锋路、雷锋标语……多年以来，望城一直坚持以雷锋精神兴区育人，积极弘扬社会主义核心价值观，始终把雷

锋精神作为一种信仰来追求，一份情感来守护，一种传统来传承，一种习惯来延续。

1. 一座纪念馆

湖南雷锋纪念馆作为全国爱国主义教育示范基地、全国青少年教育基地、全国关心下一代党史国史教育基地，年均接待游客超 200 万人次，是革命传统教育的主阵地，更是青年学生思想政治教育的重要课堂。近年来，湖南雷锋纪念馆依托独特的德育教育资源，将雷锋精神传承与思政课有机融合，走出了一条激活革命文物生命力、用红色资源上好大思政课的特色路径。

雷锋纪念馆还实施"雷小锋"种子工程志愿服务项目，在寒暑假期间，为中小学生量身打造"小小讲解员"社会实践活动，开展文明劝导、垃圾分类、节能减排、反校园霸凌等公益培训，精准服务未成年人思想教育。采用"大志愿者帮小志愿者"的形式，实现馆校合作，开创青少年志愿服务新模式。

2. 一所学院

望城区委党校（湖南雷锋学院）着力推进以发扬雷锋精神为主线的课程开发，大力开展具有雷锋特色的教育培训。学院打造"走成长路""走初心路""走传承路""走复兴路""走阳光路"等雷锋主题培训线路，在突出政治理论学习，坚持读原著、学原文、悟原理的同时，通过必修＋选修的课程方式，针对党政机关干部、普通党员、骨干党员、村干部等不同人员类别，分别设置雷锋精神理论专题、微党课、现场教学、影像教学、雷锋日记诵读、雷锋歌曲传唱等课程和活动，确保每个培训班都有"雷锋"的声音和身影，不断提升培训体验和实效。2021 年，学院送课下基层共 155 堂，共接办各级各类班次 183 个，培训 19682 人（36196 人次）。

3. 十万"雷小锋"

望城区教育系统坚持以雷锋精神兴校育人，开展了"道德高地在校园""雷锋导师遍望城""学雷锋青锋计划"等一系列学雷锋活动，有效推动了学雷锋活动制度化、常态化。2022 年，区教育局、团区委倡议以"雷小锋"作为全区青少年共有的名称，并为每一名中小学生授予一个"雷小锋"编号，激励全区近十万"雷小锋"再掀学雷锋新高潮。

2022年，全区青少年帮助龙山、绥宁、慈利等地的农村学生实现了7591个微心愿，募集了11148件爱心物资，建成了100个班级图书角，同时在"爱心捐赠零花钱"活动中募集善款80万元。在一系列的学雷锋活动中，涌现出一批学雷锋先进个人，全区有1496名学生获得了区级"雷锋章"荣誉。

长沙市首届"雷小锋"大德育高峰论坛

"雷锋家乡学雷锋"已成为全国知名的学习服务品牌，无数个"活雷锋"红心向党，赓续红色血脉，传承雷锋精神，涌现出了谭荒芳、刘春香等学雷锋标兵，学习雷锋蔚然成风，已经浸入望城的整个城市肌理。

（三）红焰映阳——强基红色根脉，服务社区群众

为了让红色资源得到充分利用，望城区还采取"红色资源+"的做法，让红色火焰照亮全区各个角落，强基红色根脉，服务社区群众。

1. "红廉"结合

近年来，望城区深入挖掘红色资源，做好"红廉"结合文章；建设廉政教育展馆，打造"红廉"教育公开课堂，将廉洁元素融入文艺作品，创作出花鼓戏《独

臂将军》等文艺作品，并利用村（社区）文化广场、文化长廊等，打造"红廉"文化宣传阵地，引导党员干部、社区群众传承红色文化，增强廉洁意识。2022年，望城区第十六届送廉政文艺下乡巡演在桥驿镇正式启动，以望城本土革命烈士周炳文为原型创作的情景剧《炳文轶事》上演后，引发社区群众强烈反响。

2. "红绿"结合

望城区坚持以红色资源为龙头，大力发展"红色＋绿色""红色＋乡村""红色＋研学"等旅游新业态，将红色旅游与生态旅游、民俗旅游、研学旅游、乡村旅游等深度融合，推出高质量产品和线路。桥驿镇统筹提质全域15个红色阵地，打造了"革命红、生态绿"主题旅游线路。乌山街道团山湖村的雷锋精神特色党史教育路线给人以启迪，美丽的八曲河风光让游客流连忘返，真正做到了"红色引客，绿色留客"。茶亭镇依托省委机关旧址建设峥嵘岁月革命研学体验区，植入党建培训、田园观光、农事体验、劳动教育等产品，形成一条文化底蕴深厚、田园风光独特的"红绿"结合风情旅游线。

3. "红古"结合

望城享有"一处湘江古镇群，半部湖湘文化史"的美誉，在铜官、靖港、乔口、新康、书堂、丁字六大古镇内，可以感受千年古镇的人文魅力。以红色文化为底色，提亮地方文化的古色，将"红古"旅游资源与相关产业进行融合，望城在文旅融合方面渐有成效。以铜官古镇为例，作为走出了工人运动领袖郭亮、文淑益、袁仲贤等革命先辈的故里，陶瓷文化、书法文化、湖湘民俗文化吸引了无数游客前往。铜官打造出了新华联铜官窑古镇、铜官窑博物馆、书堂山欧阳询文化园三大龙头旅游IP吸引游客，而郭亮纪念园也让游客感受到铜官古镇曾作为红色革命圣地的激情岁月，以及革命先辈的爱国情怀。"红古"结合，增添了旅游的厚重感。

三、成效贡献

（一）提升了党史学习实效

自红色教育开展以来，望城区紧扣主题主线，深耕本土资源，用鲜活感人的史实素材、为民服务的生动实践，教育党员，引领群众，取得实效。2020年9月至2021年12月，望城区红色文化资源统计归档49处，红色文化阵地规划建设20多处，党史学习有了更多的阵地和资源，全面提升了党史学习的参与感、沉浸感、获得感。望城区还将党史研究成果转化，出版了郭亮、刘畴西、雷锋等英烈传记以及《长沙秘密电台·1949》连环画，拍摄出版了《星火燎原——长沙河西地下党组织发展史》口述史影像资料，编辑了《红色桥驿故事》等读物。这些都扩大了红色文化资源的传播范围和影响，吸引更多的人前来学习。2022年，仅桥驿镇就累计吸引728个单位、6.5万余人次前来参观学习。党史学习使更多的单位和个人提高认识，投身到"我为群众办实事"实践活动中，将学习教育成果转化为实践成果。2022年开年，望城区就交出党史学习教育"我为群众办实事"实践活动的成绩单：一年来，区摸底收集民生诉求和项目实事12689项，已完成12001件，满意率近100%。

（二）打造了志愿服务品牌

望城已经形成了雷锋精神的代代传承，"学习雷锋精神"成为望城红色教育最重要的学习品牌之一。望城从城到乡，各行各业，以雷锋之名，争做中华民族传统美德的传承者、社会主义道德规范的实践者、良好社会风尚的创造者，以志愿精神为代表的雷锋精神在望城蔚然成风。望城坚持打造"雷锋志愿者"服务品牌，成为了全国最具影响力的"志愿者之城"之一。全区注册志愿服务组织670家，注册志愿者14.7万余名，达常住人口的22%。培育出正兴学雷锋志愿服务中心、"雷锋号"青少年关爱家园、"雷锋580救助热线"等一大批优秀学雷锋志愿服务项目和组织，涌现出"全国道德模范"周美玲、"全国学雷锋模范消防大队""时代楷模"望城消防大队等一大批学雷锋先进典型，打造出雷锋纪念馆、望城消防大队等一大批学雷锋活动示范点，形成了望城志愿服务的"群星现象"。

（三）推进了乡村振兴发展

望城红色教育也成为了助力乡村振兴高质量发展的强劲引擎。望城区聚焦乡村振兴，将"红、绿、古"三色资源与产业进行融合，文化和旅游新业态不断涌现。"三色"融合发展的成果实实在在惠及广大百姓。2022年，在新冠疫情严重的情况下，望城区旅游总收入达115亿元，旅游经济撑起了超全区十分之一的GDP，红色旅游带来的收入占了相当大的比重。其中团山湖村年营收超过1000万元，为村级集体经济创收100万元以上。该村建设的"水美湘村"体验地，不光弘扬了雷锋精神，还发展了水经济，捧回了"全国乡村治理示范村"的荣誉。红色资源转化为红色经济，使农民钱袋子鼓起来，让农民得到了真正的实惠。

党建引领下社区教育与基层治理的融合发展

——株洲市幸福邻里社区学院工作实践

一、案例背景

加强党建引领下的基层社会治理创新，是推进国家治理体系和治理能力现代化的重要内容。株洲市集中整合现有公益性、开放性的教育培训资源，创新成立"株洲市幸福邻里社区学院"，通过开设公开课程、公开讲坛，送课进社区（小区）等方式把公益课程、文体活动送到社区、小区，打造群众家门口的学习、交流平台，探索党建引领基层治理新模式，加快"培育制造名城、建设幸福株洲"的步伐。

二、主要做法

（一）市委组织部统筹：汇聚创建合力

坚持高位统筹，突出资源整合。株洲市委多次组织教育局、卫健委、文旅广体局、工会、团委、妇联、文联、开放大学等单位开展调研座谈，了解掌握各单位现有的面向公众开放的公益培训和活动情况，摸清师资基础、课程基础、工作基础，在交流中达成成立株洲市幸福邻里社区学院的共识。市委组织部牵头制订学院建设实施方案，成立由市委常委、组织部部长任院长的领导机构，明确市委组织部、宣传部、教育局、卫健委、文旅广体局、工会、团委、妇联、文联等15个单位为成员单位，细化各自职责，形成创建合力。

（二）党群服务中心设点：服务群众"最后一公里"

坚持以群众需求为导向，合理设定株洲市幸福邻里社区学院办学体制。建设1个总院，由株洲开放大学（社区大学）负责日常管理；开设文体分院、家庭分院、健康分院、国学分院、职工分院 5 个分院及党建讲坛、干部讲坛、青年讲坛、少年讲坛 4 个讲坛。由各县市区委组织负责，在条件成熟的社区、小区党群服务中心（站）布局了 140 个教学点，由株洲开放大学统筹分院及讲坛的资源，把教学培训活动送到各党群服务中心，打通服务群众"最后一公里"，满足人民群众学习需求，丰富人民精神文化生活。

株洲市幸福邻里社区学院挂牌现场

（三）党员志愿服务：丰富教学活动

各社区党支部负责教学点的日常管理，打造党员群众志愿者服务队伍，挖掘整合小区资源，积极开发特色课程和活动。在职党员认真落实到社区报到服务工作，主动融入和配合教学点的日常教学活动。离退休党员继续发光发热，通过政策宣讲、红色故事、诗词楹联、书画剪纸等形式，积极在教学点发挥模范作用，丰富教学活动。

（四）党费保障：提升办学实效

建立健全工作机制，保障学院长效运营，包括运行管理机制、活动组织机制、课程和师资建设机制、激励督促机制 4 个方面。给予精品课程、精品讲坛和示范教学点一定的资金奖励，明确每年从市管党费中划拨专项资金用于总院的日常运行和管理，各分院和讲坛的经费从各责任单位的党建经费中划拨，教学点的日常运行和管理费用由县市区从党费中划拨。

三、成效贡献

（一）探索了一条社区教育发展新路径

株洲开放大学联合相关部门，多点发力、全面突破，统筹整合面向社会、面向基层的教育资源，创新成立了株洲市幸福邻里社区学院，形成了"共建共治共享"的社区教育协同基层治理融合发展的"株洲模式"，并获省委组织部"红星云"微信公众号推介。学院自建立以来，整合了市直机关 15 家、行业协会 80 余家、群团组织 50 余家、社会培训机构 90 余家，打造了一批精品课程，开展了一系列特色活动，推动株洲市社区教育的知晓度、影响力、覆盖面全面提升和扩大。

（二）建设了一支社区教育师资队伍

学院通过组织推荐、社会推荐、个人自荐等方式，建立由党员干部、专家学者、公益组织人士等组成的幸福邻里社区学院师资队伍。开展了志愿服务师资联盟成员招募，加强对各类民间文体协会组织、教培机构等资源的整合力度，充实了学院的师资库。学院与株洲市职业教育协会深度合作，整合湖南（株洲）职业教育科技园九所职业院校中热心公益且有一定社区教育、老年教育工作经验的优质师资，并将其纳入到幸福邻里社区学院师资库，目前师资库人数达到1000 余人。

学院下发了《关于选聘株洲市首批家庭教育讲师团成员的通知》，在全市市直机关和社会组织及培训机构中招募家庭教育讲师团成员，举办了"株洲市幸福邻里家庭分院师资培训班"，加强师资队伍建设。来自全市各县市区的 22 个"稻花香读书会"的 44 位志愿者教师参加了为期 3 天的专业培训，为学院高质量教学提供了重要师资保障。

（三）开发了一系列社区教育精品课程

学院围绕科学家教、权益保障、素质提升三大板块，分层分类开发和设置了一批时代性强、教育意义好、群众乐于接受且喜于参与的家庭教育特色课程，如"家教家风与心理成长""亲子沟通技巧""幸福感从哪里来""寻觅家庭教育宝典""婚姻幸福宝典""好情绪好人生""一幅画走进孩子的心"等，满足全市广大家庭的不同需求。

株洲市幸福邻里社区学院家庭分院公益讲座

（四）打造了一批社区教育品牌项目

各分院结合县市区实际，打造了九嶷书院、洣江书院、星期三书画院、抚云居讲堂、青年讲坛的"向日葵课堂"、少年讲坛的"我与中国古典文学"及"家庭健康教育大讲堂"多个各具特色的社区教育品牌项目。围绕传统文化和艺术，开设公益讲座，为更多地区的基层群众提供培训、展览、演出等活动。

同时，为促进优质资源向基层倾斜和延伸，丰富基层群众的文化生活，为乡村振兴赋能助力，文体分院还以"推动文旅融合·助力乡村振兴"为主题，打造了"乡村文化驿站"社区教育品牌项目。驿站深入乡镇社区开展了公共文化系列培训，培训对象涵盖少儿、青少年、中老年等各年龄层次，采用"乡村文化指导员"和"一师一艺"公益辅导两种方式进行，形成了良好的乡村本土文化氛围。

株洲市幸福邻里社区学院文体分院公共文化系列培训

（五）创新了一套社区教育工作方式

一是实践课堂丰富载体。学院充分利用株洲市红色资源，如茶陵县工农兵政府旧址、红军标语博物馆、李立三故居、秋瑾故居等，引导、组织广大家长和孩子们在"双减"的大背景下，利用周末和节假日开展传承红色基因、赓续红色血脉的实践课堂。

二是线上推送增加受众。学院依托株洲市各级网上家长学校和家庭教育项目机构，整合全国、省、市优质家庭教育资源，向广大家长推送《家庭教育促进法》宣传片、《家家幸福安康学习书包》系列，实现家教知识传播从传统形式到现代形式的有效转变。

三是媒体融合助力宣传。为了宣传幸福邻里社区学院工作，推广这一社区教育创新模式，株洲开放大学启动了"株洲社区大学"微信公众号、视频号建设工作，定期更新株洲市幸福邻里社区学院公益活动、公益课堂的预约报名渠道，以及活动宣传与开展情况信息。株洲市委组织部"株洲党建"微信公众号还连接了

"株洲社区大学"公众号的邻里学院板块，进一步提升了学院线上平台的政治高度和权威性。除了公众号、视频号，学院还依托微博、抖音等新媒体不定期发布社区教育微课堂、小视频，广泛传播社区教育的理念和知识。

四是总结活动提升效果。为总结一年来的建设成果，学院在市周末剧场举行2022年度汇报演出晚会，湖南公共文旅云、市文化馆总分馆融合服务平台等同步直播。晚会包含节目演出和表彰颁奖环节，并以讲述和交流的形式融入文化志愿者老师和学员的真实情感，生动铺展文体分院精彩画卷，激发观众的情感。市委组织部领导还在晚会现场向"最受欢迎课程""最美教学点""最受欢迎讲师"获奖代表颁发了奖牌奖杯。

建设株洲市幸福邻里社区学院，实现了社区教育工作服务形式由"指定式"向"菜单式"转变，服务产品由"单一化"转为"多元化"，党群、干群关系更有温度。同时，营造了良好的邻里关系，形成反哺社区、反哺社会的志愿队伍，共同助力满足群众精神文明需求，提升群众文化素养，为社区教育服务"最后一公里"注入新的动能与生机，让基层社会治理呈现新气象。2022年，各分院和讲坛累计发展师资达1000余人，开设课程300余门，开放课堂3300余场次，惠及群众20余万人。

不忘初心使命，传承红色基因

——湘潭市岳塘区老年开放大学建设红色课堂探索

一、案例背景

习近平总书记对传承红色文化高度重视，强调"要用心用情用力保护好、管理好、运用好红色资源""增强表现力、传播力、影响力，生动传播红色文化"。

红色文化是湘潭最鲜明的特质、最厚重的底蕴。在湘潭，一步一景皆蕴藏着革命故事，堪比鲜活生动的红色教育课堂。毛泽东、彭德怀、陈赓、谭政、黄公略、罗亦农等老一辈革命家从这里初心起航，形成了百年中国看湘潭的集群景观。近年来，湘潭立足伟人故里、红色圣地的优势，讲好红色故事，让红色资源"活"起来、红色旅游"火"起来、红色名片"亮"起来，红色旅游热度持续升温。

湘潭市岳塘区老年开放大学始终遵循"为中国进入老龄化社会服务，为中国中老年人进入新时代服务"的办学宗旨，不忘初心使命，结合本土红色资源，积极把红色文化作为教育教学中一个重点内容，有机延伸至老年教育中。

二、主要做法

（一）精心设立油画长廊，重温红色故事

岳塘区老年开放大学在校区内专门设立了多条红色油画艺术长廊，展示共计50余幅油画佳作。每条长廊展现一个主题，有国家领导人、十大元帅、长征、抗疫、人民英雄等内容，淋漓尽致地展现了我国的革命历史、人民英雄的丰功伟绩以及不同时期党和人民血肉相连的生动画面。

红色油画艺术长廊由岳塘区老年开放大学荣誉校长、中国著名红色油画家王北南先生精心设立，他用一幅幅承载着深度红色底蕴的画作，讲述着一个个撼动

心灵的红色故事。岳塘区老年开放大学通过红色油画艺术长廊，举办展出近80场，参加展出近3000人次，得到学员们和社会各界的一致认可与好评。

岳塘区老年开放大学红色文化长廊油画作品

（二）积极组织实践活动，追忆红色经典

岳塘区老年开放大学积极组织学员参加各种丰富多彩的红色主题实践活动，如到户外唱"红"歌、跳"红"舞、诵"红"章，把红色基因作为开展理想信念教育的生动教材，如同用画笔打开革命信仰的画卷一样，融入教学的课堂内外。

岳塘区老年开放大学舞蹈班课外拓展节目《唱支山歌给党听》

每一首"红"歌，每一支"红"舞，每一篇"红"文，都是一个信仰的闪光点，承载着我们永远不变的政治本色和信念追求。通过唱"红"歌，跳"红"舞，诵"红"章，全体师生感受到了生动的革命传统教育，增强了爱国意识。嘹亮的歌声、优美的舞姿表达了师生们对党对祖国深深的热爱和美好祝愿。

（三）不断丰富教学形式，感悟红色文化

岳塘区老年开放大学在定期组织学习的基础上，还尽量把各种教育学习活动穿插在社区各项活动中，逐步形成了"线上＋线下＋实践活动"的立体教学形式，不断拓展了广大老年人的学习渠道。借助春节、中秋、国庆、重阳等重大节日，寓教于乐，开展丰富多彩的红色文化教育活动，让老年朋友在活动中接受知识，在活动中感悟红色文化。

自 2020 年以来，岳塘区老年开放大学组织开展美术、舞蹈、声乐、器乐、曲艺等各类课程 198 个，在课程教学中有机融入红色文化，培训学员 6300 余人次，开设以红色文化为主题的公益课 50 多场；组织开展视频录播课、线上直播课、户外公开课，举办联谊会、文艺展演等 30 多场次，运用新媒体及户外拓展等方式，整合资源，助力红色文化更广、更深推进。

三、成效贡献

（一）参与度高，学员学习效果显著

在湘潭社区大学的指导下，岳塘区老年开放大学积极开展各类红色教育活动，根据学员们的层次和需求，统一组织教师集体备课，使学习内容变得简单、趣味性强、实用性强，让每位学员感觉到"乐于学""学得进"，充分调动了社区居民的参与意识和积极性。学员们参与人数多，学习热情高涨，真正做到在红色故事中悟初心、在红色精神里获力量、在红色活动中永传承，学习效果显著。

（二）实践性强，红色文化薪火相传

通过线上线下相结合的办法，岳塘区老年开放大学组织开展了形式多样、寓教于乐的活动，活动内容涵盖红色故事、红色精神、党的创新理论、党史教育、

红色实践活动等方面，学员线上可以听课学习、交流，线下可以亲自参与感悟红色文化的魅力，真正做到了理论与实践相向而行、同步发展。通过一系列的精彩活动，红色文化得到积极的传承，为社区居民带来了正能量。

（三）功用性强，助推湘潭红色旅游

岳塘区老年开放大学经常组织学员开展户外写生和红色实践活动，或游韶山接受红色文化洗礼，或逛窑湾体验湘潭特色古韵，或登昭山观赏绿色自然之美，或看展览感受大师的艺术魅力，有力助推了湘潭旅游经济。据统计，2022年春节假期，湘潭市 15 家旅游景区（点）共接待游客 61.56 万人次，同比增长 84.39%。1 月 21—27 日，韶山市共接待游客 36.96 万人次，同比增长 113.84%，实现旅游总收入 1.14 亿元，同比增长 120.44%。

"衡阳群众"进社区集中送教活动
——衡阳市社区大学助力城市品牌创建

一、案例背景

2019年，为营造"文明创建我先行，平安创建我参与"的良好氛围，衡阳市委市政府决定在全市开展"衡阳群众"品牌创建工作，努力打造"北有朝阳群众，南有衡阳群众"的响亮品牌。衡阳社区大学认真贯彻市委市政府的决策部署，结合自身工作职能，根据社区居民的需求，启动了"衡阳群众"进社区集中送教活动。送教活动覆盖全市100多个社区，送教内容多姿多彩，社区居民反响热烈。

二、主要做法

（一）选定内容，宣传发动

为使学习活动扎实、有效开展，在"衡阳群众"品牌创建领导小组办公室、衡阳市委宣传部的周密部署下，衡阳市社区大学联合各系统、单位为学习活动做了大量的前期准备及宣传工作。

一是确定了送教的主要内容。聚众服务全国文明城市及全国卫生城市创建工作，坚持问题导向，着力解决衡阳市在全国文明城市创建过程中发现的主要问题。经过反复斟酌，确定了11个方面的送教内容："衡阳群众应知应会""摒除陋习你我有责""出行有礼让出文明""餐桌上的文明""家家好家风 社区好风尚""远离毒品是根本""文明游遍天下""交通安全记心头""扫黑除恶应知应会""治安防范要点"和"全国文明城市创建解读与交流"。

二是采用多种方式进行造势宣传。第一，拍摄素质教育专题片。针对不同群体选用不同的题材，从不同的角度进行拍摄，并在多个学习场所及公共传播平台上滚动播放。通过观看宣传片，市民对"衡阳群众"活动的开展有了初步的认识，并能主动参与活动。第二，开展"衡阳群众"志愿者注册活动。为了推广"衡阳群众"品牌创建，让广大市民能够主动参与到志愿活动中，开发了专门的移动软件"衡阳群众"。注册志愿者达140多万，志愿服务包括文明创建、社区、环保卫生、老人儿童、健康残障、救灾、贫困、特殊、外来流浪、支教等类型，形成了人人参与文明行为、人人支持文明创建的良好氛围。

（二）组织实施，文明创建

文明创建不是一蹴而就的，为了让大家从被动的"要我参与"转变为主动的"我要参与"，根据创建的具体要求以及市民的需求，从以下几个方面着手工作：

一是出台文件。为了让活动更顺利地开展，市社区大学出台了红头文件《衡阳电大（市社区大学）2019年"衡阳群众"送教活动方案》（衡电大字〔2019〕7号），明确了活动组织管理、时间地点、活动方式、经费保障等，为活动的顺利开展保驾护航。

二是确定宣讲团队。学习活动的听众主要是普通市民（社区居民），内容涉及吃、住、行、思等多个方面，因此要找准着力点，并把这些知识有效融入市民心中，就需要具备相关行业一定工作经验的人员来宣讲。因此，衡阳市社区大学由社区教育主管副校长牵头，选派多名优秀教师为骨干宣讲员。"衡阳群众"品牌创建办、市创建办从市城管执法局、团市委、市场监督管理局、市妇联、市公安局、市文旅广体局、市公安局交警支队、市委政法委等系统和单位抽调了人员共同组成了一支38人的市级骨干宣讲团队；各区则由宣传部负责组建本区域各自的宣传团队，做到分级培训，分级管理。

三是开发教学资源。为使市民真正受到启发，素质明显得到提升，自愿行为更为突出，衡阳市社区大学选派骨干宣讲员参与"衡阳群众"品牌创建领导小组组织开展的教学研讨、磨课活动，主导完成了"衡阳群众应知应会""全国文明城市创建解读与交流"课程的讲义及 PPT 制作，最终确定了学习活动采用"讲故事"的学习模式、"案例"为主的内容结构、"通俗易懂"的交流语言和"正能量"为主旋律的整体思路。宣讲团队根据学习活动思路和课程内容提纲，开发了课程综合文稿、PPT 教学课件、微课等相关教学资源 30 多个。

四是建立交流平台。为促使学习活动的深入开展，衡阳市社区大学建立了"衡阳群众"送教活动微信交流群，作为活动的交流和传播平台，传达市委宣传部和市创建办有关活动的方案和指示，协调送教活动的相关事宜，展示各地、各单位关于学习活动的风采。

五是举行"衡阳群众"送教活动协调会暨送教活动启动仪式。2019 年 10 月，全市性的启动仪式在衡阳市社区大学举行，启动仪式得到衡阳市委宣传部及各区宣传部的大力支持，市委宣传部副部长谭春兰，委员、副调研员周玉宝，市创建办宣传组组长曾剑鸣等出席启动仪式。启动仪式举行后，四城区、两区一园宣传部、各社区学院积极行动起来，加强沟通协调，做好周密准备，为送教活动的开展打下了良好的基础。

"衡阳群众"送教活动宣讲动员会

六是集中开展送教活动。送教活动在全市范围内全面铺开。骨干宣讲员们穿着印有"衡阳群众"的红马甲，戴着印有"衡阳群众"的小红帽，走进衡阳149个社区，"衡阳群众"的"志愿红"如冬日暖阳般照耀着社区的每个角落，影响着社区居民的行为举止。送教的两门课程"衡阳群众应知应会""全国文明城市创建解读与交流"就什么是"衡阳群众"，为什么要创建"衡阳群众"品牌，如何加入并当好一名"衡阳群众"等方面进行了解读。生动的案例讲解、有趣的互动问答，吸引着在场的每一位居民，增强了他们的主人翁意识。课程结束后，社区居民纷纷咨询如何加入"衡阳群众"这个团队中来，争当"文明志愿者、平安守护人"。

"衡阳群众"特邀宣讲员进社区宣讲

三、难点突破

一是采取全市集中送教的方式，解决了点单送教复杂的调配过程。按照社区意愿采取点单模式进行课程调配的难度较大，最后经社区大学与市创建办、市"衡阳群众"品牌创建领导小组协商，决定集中把"衡阳群众应知应会""全国文明城市创建解读与交流"这两门与文明创建息息相关的课程先送进社区,后续再根据社区需求点单送课。

二是两天内深入全市所有社区,解决了零散送教不成规模的问题。由于送教活动是在全市范围内同时开展的活动,在衡阳市社区大学的协调安排及各协作单位的配合下,两天的时间就把"衡阳群众"的课程送进了全市149个社区。

四、成效贡献

(一)文明行为不断涌现

自2019年"衡阳群众"品牌创建工作开展以来,"衡阳群众"一直在我们身边,它已经成为衡阳最亮丽的名片。衡阳的大街小巷总能看见穿着红马甲的"衡阳群众",他们或在交通路口引导市民遵守交通法规,或在嘈杂的菜市场劝说小摊贩不乱摆乱放,或在楼栋之间穿梭,给居民讲解创文、创卫的重要意义……随处可见的"衡阳群众"为衡阳创文、创卫工作的有力推进赋予了新的活力。

(二)群众满意度持续提升

市民对"衡阳群众"送教活动的满意程度高。他们觉得所安排的课程题目新颖、内容贴近市民生活,宣讲员的宣讲通俗易懂,并能及时解答他们提出的疑问,真正做到了让自己学有所获,增强了主人翁意识并能够时刻以这种状态参与到文明创建中来,在日常生活中以文明行为约束自我,以文明行动提升自我。

(三)创新的送教方式获得好评

送教活动方式新颖、组织得力、影响广泛,得到市"衡阳群众"品牌创建工作领导小组办公室、衡阳市委宣传部的充分肯定,并给衡阳市社区大学颁发了"特别贡献奖"。他们表示社区教育的网络体系基础良好,希望能继续发挥社区教育的阵地功能,助推衡阳"三创"工作早日实现。

五、后续举措

（一）继续开展"衡阳群众"送教活动

根据衡阳市社区大学"衡阳群众"送教活动的安排，未来将持续开展"衡阳群众"送教工作，与市"衡阳群众"品牌创建工作领导小组办公室积极对接，使"衡阳群众"送教活动深入企事业单位、学校，在全市再次掀起学习热潮。

（二）逐步投放"衡阳群众"微课

为让更多的市民朋友参与"衡阳群众"的课程学习，将全方位深入开展线下送教进社区活动，并配合线上免费视频教学展示。后续市社区大学将在"衡阳学习网"陆续投放 11 门与市民生活息息相关的课程，让市民朋友能够不受时间地点限制，实现"人人皆学、处处能学、时时可学"的学习目标。

红色文化融入社区教育的探索与实践

——岳阳市岳阳楼区芋头田社区教育服务发展模式探析

一、案例背景

百年党史熏陶，百年基因传承，芋头田社区的先锋路是岳阳的初心之路。1921 年 12 月，毛泽东在先锋路组建了岳阳城区第一个党组织——中共岳州铁路工人小组。1922 年 9 月，毛泽东派郭亮领导岳州铁路工人大罢工，在先锋路卧轨抗争，点燃中国革命之火。近年来，岳阳楼区社区教育学院以社区教育融入社区治理为出发点，围绕"五彩芋头田"党建品牌，营造"人人显担当，人人甘奉献，人人展形象"的良好氛围，用实际行动将社区教育活动融入社区党建，切实推动基层治理发展。

二、主要做法

（一）因地制宜，用好三大阵地

一是老城记忆体验厅。老城记忆体验厅是 2018 年岳阳楼区政府根据以芋头田社区为代表的老城区丰富的文化底蕴和红色历史量身定做的，面积 278 平方米，由以红色记忆为代表的五个记忆厅组成，是岳阳楼区重要的青少年德育基地。依托老城记忆体验厅，每年的"六一"儿童节和"十一"国庆节，岳阳楼区社区教育学院组织社区教育志愿者们和岳阳楼小学的少先队员们共同开展"红领巾，心向党"青少年文明志愿品牌活动，并获得良好的社会反响，先后被《湖南日报》《岳阳日报》和新湖南等媒体报道。

二是先锋路红色广场。先锋路红色广场作为岳阳红色革命首倡地，于 2021

年经岳阳市委、岳阳市政府充分考虑后，与洞庭南路历史街区同步修建而成。2021年，岳阳楼区社区教育学院指导社区开发了先锋路红色文化老年人游学线路，并先后三次组织老年人游学活动。

三是"五彩田·先锋厅"党建主题室。学院联动先锋路红色街区建设和老城记忆体验厅红色元素，积极弘扬先锋精神，打造"五彩田·先锋厅"党建主题室。在党建主题室，社区教育志愿者们先后开展了"学党史 强信念 跟党走"党史学习、党的二十大精神宣讲、"树清廉家风、创廉洁家庭"、宣传"先锋读书·红色记忆"等活动。

"先锋读书·红色记忆"活动

（二）党建引领，社区教育融入网格化微治理

为了进一步发挥社区教育在社区治理中的作用，学院组织一部分有威望的热心居民加入芋头田社区教育志愿服务行列，组建邻里理事会，通过居民事居民宣、居民事居民议、居民事居民决，引导居民自治。居民反映的80%的问题，均由理事会妥善解决和处理到位。由社区教育志愿者组成的邻里理事会常态化开展环卫治脏、市容治乱、禁违治违、交通治堵、环境治污、治安治差六大治理工作，

动员广大党员和居民积极参与；采取"随手拍、随时处、随时清"的模式，对辖区沟边、桥边、菜地和滩涂进行集中清理，打造"干净整洁、清爽空旷"的城市形象。

开展"守护一江碧水"志愿活动

（三）红色先锋引领，凸显社区教育成效

芋头田社区组织了一支教育志愿者队伍，他们在急难险重的关键时刻显担当。一是项目攻坚显担当。在芋头田社区西环线、历史街区、先锋路、乾明寺路四个重点项目建设中，社区教育志愿者们全部上阵，推动完成西环线 771 户私产、26 户公产签约；3 个月内完成了 3 个邻里改造和收购任务；1 个月内完成了拆装窗户、空调格栅安装等立面改造工程。二是防汛救灾显担当。由于洞口地势低洼，一旦暴雨持续时间长，辖区部分低洼地段就会受灾，积水最深处达 2 米。芋头田社区教育志愿者们组成安全抢险应急队，每到雨期，他们第一时间奔赴现场，蹚着齐腰深的水，喊停车辆，拉警戒线，联络排水，积极消除安全隐患，彰显了先锋担当。三是疫情防控显担当。2019 年以来，社区教育志愿者积极参与社区疫情防控工作，协助防疫部门上门为返岳人员做核酸检测，扶送 60 岁以上行动不便的老人到医

院接种新冠疫苗，温暖的画面不断涌现。

"岳分类 岳美好"志愿活动

三、经验启示

依托芋头田社区党建阵地平台，学院充分发挥先锋标杆引领作用，将社区教育与红色党建融合融通，为芋头田社区居民安居乐业提供了最硬支撑。社区教育融入社会治理后，社区居民知晓工作、理解工作、支持工作的程度显著加大。

一是激发红色引擎，共绘党群同心圆。针对社区治理架构断层化、资源碎片化、力量分散化等普遍问题，学院选准有能力、有威望、有经验的同志组建"红色先锋"党员班子，聚焦解决群众急难愁盼的操心事、烦心事、揪心事和身边小事，以社区为圆心，辐射到辖区范围，建成恒康花园等党群联络室，为微网格议事会、居民议事会及各类连心服务提供了连民心、解民情的红色平台。通过联络联动，居民主人翁意识明显增强，各项事务划分更精准，初步形成了党建引领、党员带头、居民参与的红色治理新模式。

二是强化先锋引领，共谱宜居和谐曲。学院依托已有党建阵地平台，充分发挥先锋标杆引领作用，将社区教育活动与疫情防控、垃圾分类、扫黄打非、平安创建、旧城改造、城市"六治"等中心工作融合融通，为社区居民安居乐业提供了最有力的支撑。芋头田社区教育志愿者们充分发挥先锋"号兵"作用，及时掌握上级的方针、动态，通过各类文明政策宣讲活动，使居民知晓工作、理解工作、支持工作的程度显著提升。

四、成效贡献

一是红色文化创新社区教育形式。社区红色文化资源有丰富的教育元素，具有强大的教育功能。整合芋头田社区老城区记忆厅、红色先锋路等红色资源，创新社区教育形式，将居民从课堂引入到实践活动，激发芋头田社区居民的情感，吸引居民真正参与到活动中，形成良好的社区学习氛围。社区居民在社区教育志愿者们的引导下参加活动，实现了社区教育的全员教育和全过程教育目标。

二是社区教育提升社区治理水平。通过将红色文化融入社区教育，组织居民们参与到社区建设、社区治理中来，增强了社区居民参与社会治理的意识和能力，进一步加强了社区管理者与居民的友好对话、交流沟通、协商议事等互动行为，夯实了社会治理基础。

三是社区教育激发社区党建活力。芋头田社区以党建活动为契机，将社区打造成红色文化弘扬阵地，着力将红色文化的"德治"功能充分融入社区教育活动中。通过在主题日开展社区教育活动，进一步拓展基层党组织作用发挥的途径和形式，凝聚社区党员的向心力，激发基层党建活力。

五、后续举措

岳阳楼区社区教育学院后续将从以下四个方面发力，进一步发挥好自身作用。

一是传递新声音。开展"科普播散芋头田"活动，全力推动芋头田社区创建全国科普示范区先行社区，完善科普阵地和科普队伍，开展社区科普活动。

二是引导新风尚。开展"新风吹拂芋头田"主题活动，倡导移风易俗；开展"礼仪焕彩芋头田"主题活动，开展诗书传家、礼仪传承系列活动；开展"志愿护航芋头田"主题活动，引导志愿服务；开展"爱心情暖芋头田"主题活动，救急、救难、救贫，扶老、扶孤等公益扶持活动。

三是描绘新愿景。通过"和谐绘就芋头田"主题活动，创建全国"最美潇湘"文化阵地；开展"芋头田印记"主题活动，积极引导展示人文历史、生态文明、发展创新等方面成果。

四是构筑新防线。通过"平安守护芋头田"主题活动，开展"扫黄打非"、网络安全、意识形态、未成年人保护等方面的宣传和防护工作，匡扶社会正义，消除社会不文明现象。

炽热"红色"，退役不褪色

——武陵社区学院"红色学堂"社区教育项目

常德市武陵区百街口社区以打造军人军属最温暖的"家"为宗旨，以促进退役军人优质就业为目标，致力融合多方资源，打造"红色学堂"终身学习品牌，实施"党建引领激发活力、联建联动拓展张力、技能培训提升能力、榜样带动增强内力、人文关怀凝聚合力"五力联动策略，打造红色基地，传承红色基因，激发红色力量。辖区内各单位资源共享，阵地联用，党课共上，活动联办，建立健全退役军人学习服务平台，精准对接退役军人需求，开展适应性培训、技能培训、就业创业辅导等培训，实现对退役军人全方位全覆盖的学习教育培训和就业创业跟踪服务，推动退役军人积极投身社区建设。2020 年以来，共为 300 多名退役军人"充电"赋能。

一、案例背景

百街口社区隶属常德市武陵区府坪街道，东起水星楼巷，西抵武陵阁广场，南临沅江，北抵和平西街，面积 0.38 平方公里，常住人口 2158 户、5032 人，辖区内有步行城管理办、区水利局等驻片单位。社区共有退役军人 303 人，其中企业军转干部 51 人，退役士兵 252 人；另有现役军人 10 人，伤残军人 5 人，参战人员 7 人，优抚重点人员 13 人。近年来，百街口社区确保退役军人"转业不转志""退役不褪色""离队不离党"。百街口社区退役军人终身学习品牌受到湖南省退役军人事务厅以及常德市委市政府领导充分肯定。

百街口社区举行"光荣在党50年"纪念章颁发仪式

二、主要做法

（一）党建引领激发活力

把对党绝对忠诚作为生命线和根本点，自觉扛起弘扬红色精神、传承红色基因的使命担当。

1. 打造红色基地。全面加强退役军人保障站建设，设置荣誉墙、活动剪影，更新宣传栏，新添党史学习教育专栏，拍摄反映退役优秀军人代表故事的作品。组织抗美援朝和援越抗美参战老兵为社区居民进行红色宣讲，开展爱国主题教育活动。

2. 传承红色基因。开展"谁是最可爱的人"、红色电影展播、缅怀革命烈士、红色课堂等教育活动，根植拥军优属思想。组织前往东方红纪念馆参观，重温革命先烈斗争历史，寄托哀思和敬仰之情。将党性教育融入日常，通过定期开展上党课、庆祝党的生日、"戴党徽、亮身份、强党性"活动，通过重走红色之路、重温入党誓词、重燃奋斗激情，唤起退役军人的责任感。

3. 激发红色力量。充分发挥党支部战斗堡垒作用，积极开展组织活动，按照

"一项计划、一次党课、一件实事"的目标，开展"一月一主题"活动，推动退役军人积极投身社区建设，发挥模范作用。

退役老兵党日活动体验现场

（二）联建联动拓展张力

融合多方资源，建立健全学习服务平台。

1. 功能场所深度融合。依托社区便民服务中心，配备"两室一站一吧"，单独设置退役军人接待室、阅览室、法律援助室、心理咨询室、宣教室、企业联盟等特色功能室。书吧有各类藏书超千册，累计阅览达数千人次，营造出浓厚文化氛围。

2. 社会力量深度融合。通过资源共享、阵地联用、党课共上、活动联办，辖区 53 家企业、商铺共建合作，为退役军人提供就业支持、关心关爱、文化传播等服务。

3. 网格模式深度融合。依托社区退役军人事务管理平台，及时提供政策咨询、信息管理等服务。5 名退役军人党员担任商住楼栋长，32 名退役军人党员成为商圈网格管理骨干。

（三）技能培训提升能力

授人以鱼不如授人以渔。精准对接退役军人需求，开展适应性培训，帮助军事人力资源向地方经济建设人才转变。

1. 聚焦技能培训。按照一人一档的要求，建立退役军人就业信息管理台账，准确掌握退役军人就业创业情况和就业培训意愿，有针对性地设置培训内容。2022 年，共有 26 名退役军人获得维修电工等技能证书。

2. 聚焦精准创业。联合市退役军人就业创业导师团队，提供创业计划书辅导、可行性分析等精准服务，制定心理辅导、就业规划等标准化就业服务体系。

3. 实施社企合作。与辖区商家建立长效合作机制，组织步行城管委会、步行城商圈商铺，开展退役军人专场招聘会。

（四）榜样带动增强内力

挖掘先进典型，讲好老兵故事，引导退役军人不等不靠，发挥主观能动性，自强自立。

1. 积极培树典型。定期评选退役军人先进典型，引导成功人士实施反哺工程。如退役军人何永畅创办湖南铭鑫物业管理股份有限公司，拥有职工 500 多人，其中退役军人 30 多人，业务遍及常德地区。

2. 组织现场观摩。组织退役军人赴常德中材混凝土、湖南锋力食品等公司，实地参观军创企业，引导树立正确就业观，尽快实现角色转换。

退役老兵讲师团宣讲现场

3. 开展学习交流。邀请杰出代表交流经验，分享踩过的"坑"、走过的"弯路"，帮助认识自我优势，把梦想付诸行动。如退役军人杨亮先后推动促成常德市关爱退役军人就业创业指导中心、武陵区关爱退役军人服务促进会等组织的建立。

（五）人文关怀凝聚合力

把服务保障工作做到心坎上，让退役军人真切感受到党和政府的温暖。

1. 完善服务体系。按烈士遗属、参战老兵、退役军人、转业干部、困难军人等类别，建立退役军人信息档案。升级服务套餐，定期走访慰问困难退役军人、参战老兵。组织志愿者到年老体弱的老兵家中开展卫生清理活动。开设退役军人"心灵驿站"，与律师事务所合作开通"法律热线"，为退役军人提供心理疏导、法律咨询援助。

2. 打造服务品牌。调动退役军人参与疫情防控、社会治理等工作的积极性，成立以"橄榄绿""武陵红"为代表的 5 支退役军人志愿服务队，招募志愿者共200 人，年开展志愿服务活动 50 多次，服务 300 多人次。

3. 宣传服务政策。及时宣传解读《退役军人保障法》，积极引导退役军人学法懂法用法，营造"拥军优属、拥政爱民"的浓厚氛围。

三、难点突破

（一）针对不同需求，有的放矢开展技能培训

社区内的退役军人兵种不同、年龄不同、文化程度和生活需求不同，有些人学习方向和职业规划都比较迷茫。针对这一情况，社区和退役军人沟通交流，深入了解他们的实际情况和真正的需求，建立退役军人就业信息管理台账，做到"一人一档"，有针对性地设置培训内容，如计算机、汽车维修、厨师、电子商务、家电维修等，越来越多的退役军人获得了职业技能证书；通过开展公益讲座，为退役军人带来就业形势分析、岗前职业技能提升、职业规划等课程；组织学员实地参观企业，为其推荐合适的岗位，解决退役军人就业、创业中遇到的难题，增

强退役军人的获得感和满足感。

（二）结合实际情况树立榜样，激发服务热情

项目运行之初，有些退役军人的服务热情不高，为了进一步增强退役军人的凝聚力，提高他们的服务意识，结合本社区的退役军人的现状，充分挖掘先进典型，以榜样的力量带动整个团队。如退役军人杨亮、何永畅等人的事迹影响了很多还在迟疑和观望的人，在他们的感召和带动下，越来越多的退役军人和爱心企业加入志愿服务的队伍中来，建立起退役军人服务站，激活了社区基层社会治理新引擎，凝聚起退役军人创新、创业、奉献社会的合力，让退役军人在社区发出闪耀的光和热。

四、成效贡献

百街口社区通过打造"红色学堂"终身学习品牌，使学习理念深入人心，学习氛围更加浓厚，建成退役军人"政治之家""关爱之家""立业之家""光荣之家"。

一是升华了境界。通过打造学习品牌，深入学习习近平新时代中国特色社会主义思想，使退役军人始终做到忠诚于党，珍惜军人荣誉，永葆军人本色，真正做到"离队不离党""转业不转志""退役不褪色"。杨亮、何永畅等突出典型树立了新时代退役军人良好形象。

二是提升了技能。通过打造学习品牌，帮助退役军人解决了就业难、创业难等问题，凝聚起退役军人创新、创业、奉献社会的合力。2021年共帮扶200多名退役军人就业创业。

三是打响了品牌。通过聚力打造"红色学堂"终身学习品牌，进一步增强了退役军人的光荣感、自豪感、使命感。百街口社区的做法和事迹得到省退役军人事务厅党组书记、厅长唐勇以及常德市委市政府领导充分肯定，被多家省级媒体以及常德电视台专题报道。

五、后续举措

一是将进一步加强人才队伍建设，强化服务意识。着力构建以社区专业服务工作人员为支撑、专业化社会服务人才为依托、志愿服务者为补充的退役军人服务人才体系，为退役军人提供精细化、精准化、个性化的服务。

二是要加强服务体系建设，满足多样化服务需求。健全退役军人服务保障体系，全面提升服务保障水平，有效满足退役军人多样化服务需求；健全关爱援助体系，加强对退役军人的关爱和帮助，特别是对有困难的退役军人提供帮扶资助。

紧扣时代主题，弘扬红色文化

——沅江市红日国学院社区教育实践

一、案例背景

沅江市红日国学院（孔子学堂）是 2015 年 6 月由李剑光先生个人出资创办的一所全公益的、开展中华优秀传统文化教育的合法民办教育机构。它地处沅江市琼湖东路 18 号，占地面积 500 平米。其教学设施精而全，教育辐射广而深，受到教育部，省、地、市各级党和政府的肯定，得到广大群众的一致好评。

二、主要做法

（一）组建志愿团队，提高队伍素质

要建一所全民终身教育机构，实行免费的公益教育，首先要组建好一支德高望重、身体健康、文化过硬、教态端正、乐于奉献的教育管理团队、教师团队和服务团队。通过积极联系和走访，一批热心教育、不计报酬的老同志被组织起来。他们有的是退休老干部，有的是当地教育界知名老教师，还有的是来自各条战线的志愿者。为了加强党的领导，学院建立了党支部，为教育教学把关定向。

为提升队伍素质，李剑光从 2011 年开始，自费到国家行政学院国学班进修。他带领志愿者拜中国孔子基金会、孔子学堂推进委员会副主任刘孝听教授为师，带领志愿者团队参与培训，到广州、深圳、海南、长沙学习兴办国学教育的经验，到益阳社区大学进行指导。经过九年努力，学院明确了办学思想，提升了教学水平。

（二）紧扣时代主题，制定实施方案

学院确定以儒家经典古籍为研发源头，以习近平治国理政的文献为主导，紧扣时代主题，弘扬红色文化。在施教方式上优先抓好本部节假日各类培训班，通过听课、评讲、研学积累经验，开辟全民终身教育工作新局面。

学院制定了《教育教学实施方案》，明确了"指导思想和总体目标"，提出了"坚持五个原则"，设定了"十个教育板块"，规划了"三大措施"。在这一方案的指引下，团队人员团结协作，各显所长，步调一致。学员听课仪态端庄，精神抖擞。多媒体大彩屏教学有声有色，师生互动交流热情洋溢。

（三）充分挖掘可用教育教学资源，综合有益教育手段

一是聘请外地专家学者来学院举办专题报告会。如邀请中南大学客座教授刘孝听，清华大学土木水利学院党委书记、中国工程院院士张建民，国防科大工程兵学院大校蔡建勋，湖南第一师范学院计算机学院党委书记、院长刘立勇及长沙国学教育名师 10 多位同志，先后到国学院授课 30 多场次。

2020 年 7 月至 2021 年 7 月，红日国学院特聘国防科技大学工程兵学院大校、湖南红色文化研究院客座专家蔡建勋，多次在沅江莲花塘学校、红日国学院对孩子们开展"弘扬红军长征精神，励志为中华之崛起而读书"报告会，参加学生6000 多人次。动人的英雄故事激发了孩子们爱党爱国的热忱，他们表示要发奋学习，艰苦奋斗，长大后做共产主义事业的优秀接班人。

2022 年 7 月 20 日，红日国学院特聘湖南第一师范学院计算机学院党委书记、院长，第一师范学院毛泽东展览馆原馆长刘立勇教授在暑假期间为本院学员主讲"青年毛泽东求学时期的成才之路"。刘立勇书记通过讲述毛泽东青年时期如何汲取中华优秀传统文化基因，在老师的引领下接触到了马克思主义的故事，引导学生深入学习，领悟红色文化。

二是实施内外结合，广泛开展研学活动，践行"从无字句处读书"的理念。红日国学院党支部，组织党员干部学生，参观蔡杰、徐植兰烈士墓等沅江红色教育基地烈士陵园，两次前往沅江龙虎山抗日战壕、马迹塘战史馆等红色遗址学习。

通过宣讲英烈事迹和红色故事，学员们更加坚定理想信念，赓续红色血脉，一并庄严地举起右手向国旗宣誓，纷纷表示将用尽自己的力量振兴中华民族。

红日国学院暑假留守儿童公益培训班

为了深耕沅江文化，用活洞庭水，学院组织学员前往南洞庭博物馆、赤山杨嗣昌陵园，范蠡西施隐居赤山的蠡施村和所植的二千多年樟抱腊古树，爱国名将周维寅将军故居，洞庭湖清代所建凌云塔、镇江塔、八角亭，岳飞与杨幺湖区古战场遗址，茶盘洲玉竹包新石器文物出土地等十多处人文景点，进行实地学习。学院办学九年来，除了在本市举办大型传统文化教育活动40多次外，还组织学员在岳麓书院、橘子洲头、湖南省博物馆、曲阜孔庙开展研学活动。

（四）有效对外辐射，开展国学"七进"

学院除抓好本部日常教学外，还把国学教育引向了校外，即开展了进校园、进机关、进厂企、进社区、进乡村、进家庭、进网宣的"七进"活动。通过领导安排、单位邀请、主动联系相结合的方式，根据不同受众量身定制课程，确定时间、地点，做好宣传布置，使每次出外宣讲都有板有眼，有声有色。"七进"活动每年都有30多次，九年来达300多次，听课者达8万多人次。

三、成效贡献

国学院的开办,有效地提升了红色革命文化与中华优秀传统文化传播的品位,改变了不少人认为红色文化、传统文化过时了的错误观念,使人们认识到中华优秀传统文化和红色革命文化是中华民族的信仰,是中华民族的力量之源,是中华民族不断发展的强大推力,从而进一步坚定了人们的民族自信,产生了较好的宣传效果。学院前后向学校捐赠八万多册国学书籍。

红日国学院以主办者倾资兴教和志愿者无私贡献的实际行动,赢得了各级党政领导和广大人民的支持,有效地激发了社会正能量,显示出人民群众对办好教育的强烈愿望。在提升学生、居民道德素质的同时,有效推进了和谐社区、和谐社会的建设。

近年来,红日国学院影响日增。学院先后被授予"全国终身学习品牌项目""湖南省社会科学普及基地"等多项荣誉。

秉承政治立校，稳抓红色基点

——资兴市老年大学开展红色教育的探索与启示

一、案例背景

资兴有丰富的红色文化资源，资兴人民有着光荣的革命传统。在长期的革命斗争中，资兴有9000多名优秀的儿女先后牺牲。红色的土地形成了资兴市丰富的红色文化资源，成为资兴社区教育事业开展的宝贵财富。

资兴市老年大学近年来与资兴社区学院深度合作，共同助力资兴终身教育事业的开展。结合"政治立校、教学活校、品牌兴校"的办学思路，资兴市老年大学将红色教育作为立校的基点，培养红色教育队伍，挖掘红色教育资源，建设红色教育基地，激发了学员的创作热情，形成了社区教育独特的红色品牌。

二、主要做法

（一）建设红色教育师资队伍

资兴市老年大学的校长李宙南是一名地方党史专家，先后主编了《资兴党史》（第三卷）、《资兴人民革命斗争史》等书籍。在他的示范带动下，老年大学成为资兴市党史研究的重要阵地，学校建立了一支由各党支部书记、各班班长组成的红色教育宣讲队伍。他们不但将红色教育课堂常设老年大学，还经常受邀走进社区、学校、乡间地头讲述党史故事，回顾英雄传奇。学校还组织书法、绘画、诗联班的师生成立了红色作品创作团队，积极主持策划市红色教育展馆的布展工作。他们的足迹遍布湘南起义彭公庙联席会议旧址，曾中生、曾希圣故居，布田革命历史陈列馆，红色流华湾等红色教育基地。

资兴市老年大学临时党总支主题活动

（二）把红色教育纳入老年教育的重要内容

资兴市老年大学党史学习教育专题讲座

资兴老年大学坚持政治立校，在思想政治教育方面做表率、做示范。红色教育是思想政治课的重要内容。思想政治课、红色教育课，首先就要在学校的骨干人员中开展。2017年，学校申报并由市委组织部批准成立了临时党总支、35个党支部，把红色教育作为党支部开展活动和党员教育的"规定动作"，并延伸到学员的日常学习之中。近年来，学校由临时党总支牵头，35个临时党支部书记组织安排，在全校师生中开展了"爱党、爱国、爱资兴、爱学校"的"四爱"活动，组织386名党员先后参加红色教育宣讲课18次，参观市内外红色历史展览馆、陈列馆12个，党员的带动作用对全校师生影响很大，红色教育活动在全校各班级全面铺开，红色教育蔚然成风。

（三）把红色景区作为老年教育的实践基地

位于资兴市三都镇辰南村3A景区的流华湾"荣华斋"古戏园，依托丰富的传统古村落资源，将民俗文化、特色产业等元素融入美丽乡村建设，最大限度地保存古村的古风古韵，并挖掘出传统戏曲、美食制作、非遗表演等项目，为游客表演传统戏曲节目。2021年11月，资兴市老年大学被湖南省教育厅批准为示范性老年教育学习体验基地后，把位于红色旅游景区的荣华斋古戏园作为资兴市老年教育的学习体验基地，组织老年学员开展文艺表演和红色教育活动，并在此配合资兴市社区学院举行了2021年"全民终身学习活动周资兴启动仪式"，组织了一场包含红歌表演、戏曲表演、诗联创作、书法比赛等多种形式的文艺活动。

（四）把政策宣传作为文艺表演的主要内容

学校的红色教育活动坚持一接"天线"，二接"地气"，取得了积极成效。2019年清明节，学校组织全校党员到资兴第一任县委书记、红军36团党代表黄义藻烈士故居和红色村庄布田村参观，组织了两台以红色历史为主题的文艺演出，为当地老百姓演出。2022年10月，党的二十大召开之后，全国上下掀起了学习宣传贯彻二十大精神的热潮，学校根据上级有关指示精神，下发了《关于开展学习宣传贯彻党的二十大精神的通知》，各个班级积极响应，到公园、广场、乡镇、社区宣传演出16场次，现场观众达8000多人。

"宣传二十大 高歌颂党恩"戏曲歌舞晚会

（五）创作红色作品作为激发老年人的动力的新方法

资兴市老年大学经常开展听报告会、参观红色展馆等传统红色教育活动，鼓励师生进行相关文艺创作。在 2021 年建党 100 周年之际，学校创作人员与文化馆的创作人员，以资兴革命历史为题材，创作了一个半小时时长的大型音乐舞蹈诗剧《英雄颂》，并在资兴剧院演出。全市 2000 多名干部、职工、学生和市民观看了演出，了解了资兴革命历史。资兴市委、市人大、市政府、市政协领导对老年大学以这种方式开展红色教育表示肯定，并拨出专款予以支持。

（六）将红色教育延伸到基层老年学校

2017 年，为实现老年教育全覆盖，资兴市决定由市老年大学带头指导乡镇、社区开办老年学校。学校与八面山瑶族乡老年学校一起办起了"毛泽东在青腰""十五个红军"等红色陈列馆。党的二十大召开之后，学校迅速开展学习宣传贯彻党的二十大精神进基层活动，宣传演出 16 场次。11 月 10 日，市老年大学的戏曲、音乐班与唐洞街道民生南路社区老年学校联合举办"宣传二十大，高歌颂党恩"大型文艺晚会，现场观众达 3000 多人。《红梅赞》《洪湖赤卫队》《迎来春色换人间》等情景剧，穿插二十大精神宣传获得观众好评。

三、成效贡献

2019 年资兴市老年大学被评为湖南省老年教育学习体验基地，2021 年被评为湖南省老年教育示范性学习体验基地，成为资兴市社区教育（老年教育）的一张名片。

（一）红色教育激发学校凝聚力

红色教育的长期实践培养了一支忠诚党和人民的师生团队，他们心系家乡人民，能在有需要的时候拧成一股绳，凝心聚力战胜困难。2019 年，学校组织全校党员到黄义藻烈士故居和红色村庄布田村参观，组织了两场以红色历史为主题的文艺演出，发动党员为两村的困难老党员和群众捐款 2 万多元；2020 年为解决东江水库移民柑橘滞销难题，学校组织了"我为移民解忧愁"活动，筹集经费 9 万余元，由各支部、各班组织到库区购买柑橘 3 万多斤，得到了市委、市政府领导充分肯定；新冠疫情期间，学校向全体师生发出了"抗击新冠，奉献爱心"倡议书，仅 5 天时间，就为抗击新冠工作捐款 11.38 万元。

（二）红色教育唤起终身学习热潮

学校的红色教育活动与社区教育有机融合后，红色教育的影响力不断扩大。基层现已有 14 所乡镇、社区老年学校，参加学习的群众达 1.2 万人。以红色教育为主题的文艺演出深入街道、社区和学校，每年吸引超过 7000 人次现场观看，有效地宣传了终身学习理念。老年人坚持学习、热心红色教育的精神也感染着越来越多的人加入终身学习中来。

（三）红色教育助推社会和谐

一是红色教育基地的创建直接改善了当地社区（乡镇）的人居环境，许多地方从老旧破败走上了红色旅游、乡村振兴的康庄大道。二是不断开办乡镇、社区老年学校，让思想政治课、红色教育课落实到了基层，大量红色教育活动的开展则潜移默化地引导了当地民风。

　　未来，学校将坚持校内与校外相结合、理论与实践相结合、社会文化与校园文化相结合、老年教育与党的建设相结合，充分发挥老年大学思想政治、红色文化、党的建设作用，努力开启老年教育工作新征程。

"行走的党课"：
让红色文化教育走心更走实
——永州开放大学红色教育培训纪实

一、案例背景

党性教育是中国共产党人自我革命、自我净化、自我提升的重要途径，对永葆党员队伍的先进性、纯洁性具有重要作用。红色文化是中国共产党在推进马克思主义中国化的进程中创造的先进文化，凝聚了党的奋斗历程，凝结了党的建设经验，蕴含了党的优良作风。如何把红色资源利用好、把红色传统发扬好、把红色基因传承好，将红色文化融入党性教育，引导广大青年争做堪当民族复兴重任的时代新人，把红色江山世世代代传下去，是新时代高校思想政治教育的重要理论和实践命题。

"行走的党课"是永州开放大学结合党史学习教育，深挖辖区红色资源，着力打造的集开放式、沉浸式、互动式于一体的灵活性党性教育形式。通过把红色文化内嵌于党课教学，发挥党课传承红色基因、培养时代新人的主阵地作用，使党课真正成为一门有思想、有温度的课。

二、主要做法

（一）红色研学让党课"走"起来

上好党课，教材很关键。将红色资源延伸到党课课堂，让党员走入第一现场，边走边学边想，可以帮助党员更好地感悟红色精神，传承红色基因，赓续红色血脉。

社区学员在陈树湘烈士生平事迹陈列室参观

永州开放大学定期带领党员及学员走进永州市境内陈树湘红色文化园、何宝珍故里、江华故里、蒋先云故里、新田小源会议旧址、双牌阳明山红军亭、金洞白果市苏维埃政权旧址及烈士陵园等红色革命教育基地，以现场参观学习的形式，重温革命先烈的红色事迹，学习弘扬革命先烈坚持党性原则、忠诚机智、英勇坚强的精神。基地现场的文物、照片、影像等载体，再现了党员烈士的革命事迹，使人深切感受到共产党人为争取民族解放、国家独立而艰辛奋斗的革命史，真切体会到共产党人为民族复兴、国家富强而不懈进取的精神。

自 2019 年以来，永州开放大学共开展红色研学活动 17 次，直接参与的学员达 2365 人次。这种打破传统室内教学模式、开门办党课的活动，通过真情实感的体验让党课教育接地气、冒热气、有生气，让红色资源的"活教材"作用更好地发挥出来。

汉服传习班学员参观零陵区永联村红色教育基地红六军团旧址

（二）精品党课让党课"活"起来

文艺作品是讲好党史故事、深化思想认识的重要载体。党课不仅要"有意义"，还要"有意思"。紧跟时代，来用党员们感兴趣的方式上党课，才能使党课"入脑"更"入心"。

2021年起，永州开放大学认真贯彻落实习近平总书记在党史学习教育动员大会上提出的"要鼓励创作党史题材的文艺作品特别是影视作品"要求，注重用好传统媒体和新型媒体，组织学校的青年教师、学生到纪念碑、纪念馆等市内红色教育基地采取现场讲述的形式拍摄精品党课素材。通过详细讲解其历史背景及重要历史事件，让一个个年代久远的革命故事、一大批顽强奋斗的英雄人物，还有革命英贤的不屈不挠、赤胆忠心的革命精神，激发所有党员干部、教师学生不忘初心、牢记使命、拼搏奋斗。

青年教师陈雪姣来到陈树湘红色文化园拍摄微党课

（三）文艺演出让党课"热"起来

开展党史学习教育，既要加强理论知识学习，也要通过"唱、演、画"等艺术化方式，增强党史学习教育的艺术性，让党史学习教育更走心、更有活力、更有"文艺范"。

2021年，为热烈庆祝中国共产党成立100周年，永州开放大学组织学员们深入学校、社区、景区开展党史学习教育主题文艺演出，通过开展红歌快闪、舞蹈表演、情景剧等小型文艺演出活动，与广大群众齐学党史、共庆华诞。大家用歌声诠释对党的热爱和对祖国的赞美，用舞蹈表达对党的忠诚和祝福，用情景剧为现场观众呈现一堂震撼心灵的党性教育课。同时学校还组织学员在柳子街等社区以"夜行巡游"的形式，高举党史事件时间牌，向社区居民开展党史教育的流动学习。

党史学习的举牌夜巡活动

2022 年，为迎接党的二十大胜利召开，永州开放大学组织开展的以"献礼二十大·共跳幸福舞"为主题的社区教育教学成果展示活动在零陵区具有标志性的各社区及景点依次进行。表演人员优美的身姿、灵动的舞步、甜美的笑容，将歌颂祖国的情怀、人民幸福的心声都融入表演中，展现了新时代人民群众安定幸福、积极向上的精神风貌和迎接党的二十大召开的喜悦心情。

"献礼二十大·共跳幸福舞"文艺演出活动

三、成效贡献

永州开放大学自 2021 年开展"行走的党课"以来，运用红色资源研学，打造精品课堂，开展文艺会演，让党课"走"起来、"活"起来、"热"起来，促使永州的红色文化教育成效显著，持续推动了永州红色文化教育走心、走实、走深。

从学校、社区到景区，永州开放大学以群众喜闻乐见的形式打造的 25 场文艺会演，引发基层热烈反响。在党建引领发展的新时代，永州开放大学把党课搬入文旅融合点，将亲身体验、实地感悟变成推动文旅融合发展的实际行动。在零陵古城、东山景区等为往来游客进行党史宣传和红色文化主题文艺会演，让游客在旅游景区也能学习党史，接受红色文化熏陶，推动党史学习教育"接地气""聚人气"，获得群众的一致好评。

精品党课通过学校微信公众号等平台进行线上推送，在广大党员、群众中引发广泛认同，也激发了学校更多的老师和学生愿意主动去录制精品党课。他们根据自身实际，结合学科特点，自主认领课题，确定党课内容，广泛研读史料，全面搜集素材，在参与中重温党的百年光辉历程，深刻感悟党的初心使命，赓续红色基因，坚定理想信念，激发爱党爱国爱社会主义的情感，凝聚团结奋进的力量，并涌现出一批优秀的党课教师和党课作品。截至 2023 年 2 月底，学校师生共拍摄红色教育精品微党课作品 8 部，在学校微信公众号和干部网络教育在线学习等平台的浏览量累计达 22891 次。

弘扬长征精神，赋能社区教育高质量发展

——怀化市通道县社区学院开展红色教育的生动实践

一、案例背景

2020 年 9 月 16 日至 18 日，习近平总书记在湖南考察时指出，湖南是一方红色热土，走出了毛泽东、刘少奇、任弼时、彭德怀、贺龙、罗荣桓等老一辈革命家，发生了秋收起义、湘南暴动、通道转兵等重大历史事件，大批共产党人在这片热土谱写了感天动地的英雄壮歌。

通道县社区学院在构建服务全民终身学习教育体系的新征程上，弘扬新时代长征精神，团结一心"闯创干"，以展示红军长征通道会议历史史实为主旨，以开展爱国主义教育为主旋律，坚持将传承长征精神与发展红色旅游相结合，传播红色文化与开展社会主义核心价值观教育相结合，完善基础设施与提升品牌影响相结合，努力打造社区教育精品和有代表性的红色教育基地，奋力走好新时代的长征路。

二、主要做法

（一）创新活动载体，多渠道传播红色文化

为"充分发挥红色文化的教育功能，把红色资源利用好、把红色传统发扬好、把红色基因传承好"，通道县社区学院不断创新宣传载体和宣传方式，协助拍摄的电影《通道转兵》《通道转兵组歌》在全国各地巡回播放和展演；编辑出版了《红色古镇县溪》《通道转兵》《红军长征过通道》《道路·转折·希望》《图说通道转兵》等书刊，在求是网、新华网、人民网等网站和中央电视台、湖南电视台等 300 多家媒体宣传通道转兵的重要意义和历史地位；开发了毛泽东等伟人

像章、好运石等红色文化创意产品，免费发放给前来参观的部队官兵、机关干部、学生、游客等；制作了参观券、红色旅游画册、红色旅游风光明信片等，在湖南省内中心城市及京、沪、粤、桂等地区举行红色旅游推介活动；积极参与长征精神的学习、研讨、体验等活动，有效提高了社区教育基地通道转兵纪念馆的知名度和影响力，让红军长征精神扎根于广大干部群众和青少年学生的心中。

（二）精心组织安排，全力弘扬长征精神

通道县社区学院积极拓展社区教育功能，围绕红色教育主题开展多种形式的教育活动。近3年来开展了43次特色鲜明的主题教育活动，得到社会好评。如"共和国百位将军书画展""长征精神进侗寨火炬传递活动"。举办长征文化和廉政文化讲座，开展国防知识讲座，到学校、企业、村寨开展巡回展览、慰问演出，在重大主题纪念日开展红军传人重走长征路活动等，丰富了教育内容，延伸了教育功能。特别是2016年，为纪念红军长征胜利80周年，湖南省纪念红军长征胜利80周年大会和"红军长征与湖南"学术研讨会均在通道召开，中央文献研究室、中央党史研究室、湖南省委省政府、国防科学技术大学、湖南省党史研究室、湖南省军区等中央和省、市、县有关部门的领导、专家及广大群众参与加了会议，产生了广泛的社会影响。

湖南省纪念红军长征胜利80周年大会现场

通道县社区学院还以青少年学生为主要学习对象，宣讲资料在知识性和趣味性结合方面下功夫。社区学院工作人员在讲解时寓教于乐，以讲长征故事、唱侗歌的形式进行宣讲，使学生们在快乐有趣的情境中接受长征精神的教育和熏陶。组织未成年人在入学、入队、入团、成年等特殊日子里开展宣誓、展览、讲解等活动，帮助他们树立正确的世界观、人生观和价值观。学院与南开大学周恩来班、火箭军某部等100多所学校和单位共建了爱国主义教育基地和德育教育基地。

（三）优化服务环境，提升服务水平

通道县社区学院从四个方面全面优化红色教育基地服务环境，提升服务水平。

一是加强路牌路标设施建设。在209国道、包茂高速、枝柳铁路、县洪公路等进入基地的路口设置引导标牌。

二是加强游览设施建设。在教育基地通道转兵纪念馆设立游客服务中心、大型停车场、医疗室、母婴室等，完善旅游引导标识，统一设计制作景点导览图、安全警示牌等旅游引导标识，所有标识系统全部采用美观、耐用的材质，标牌解说文字均采用中英韩文对照造型，色泽与周边环境协调统一。

三是加强安全防护建设。通道转兵纪念馆健全安全防护体系，组建了治安巡护队，制定了重大和突发事件应急预案，在景点内设置了医疗救护点，成立了紧急救援机构。基地工作人员经常开展安全宣教、安全检查工作，定期对景点内重点区域进行防火、防盗、防事故专项整治，及时排查安全隐患。设立投诉举报电话，以确保游客的人身和财产安全。

四是加强自身队伍建设。社区教育基地健全完善了《讲解员工作制度》《免费参观制度》等一系列管理制度，规范对社区教育工作人员的管理。面向全国公开招考高素质讲解员，组建了专门的宣讲队伍；每年选派讲解人员外出参观学习和集中培训，不断提高讲解水平，提升学员满意度。2020年以来连续3年实现服务对象零投诉。

三、成效贡献

（一）创建品牌，形成红色教育"打卡地"

通道县社区学院紧紧围绕提升社会服务、创建教育品牌、宣传红色文化等方面持续开展工作。学员人数成倍增长，接待量由 2017 年的 23 万人次增加到 2020 年的 110 余万人次，在培育和弘扬社会主义核心价值观方面发挥了重要作用。自社区学院成立以来，共接待社会公众 1573.8 万人次，举办党员干部红色教育培训 2000 余场，培训学员 10 万余人次，成为了红色教育的"打卡地"。

2020 红色旅游博览会通道分会场暨长征国家文化公园（湖南段）系列宣传活动
启动仪式现场

社区学院努力打造了一支水平过硬、讲解生动、富有感染力的红色教育讲解员队伍，在做好常规接待基础上，组织成立"宣讲团"，以"走出去、请进来"的形式，结合时间节点，走进学校、社区、军营、机关、企业、乡村等地，开展爱国主义宣传教育活动 120 余场，受教育者达 4 万余人次。

（二）深挖内涵，丰富红色血脉"基因库"

通道县社区学院深入挖掘、总结通道转兵的历史，加大革命文物资源挖掘及征集力度，共征集红军珍贵遗物 1000 余件、文件 20 余封，情景再现雕塑 8

处 60 尊。还系统全面地还原了通道转兵的历史背景、会议现场。其中有杨昌彬捐赠红军战士编织的一担皮箩、红军战士邱显达盖过的被子；粟海富捐赠的红军战士当年请粟海富的爷爷粟再金代为保管的红军担架；红军用手雷制作的公平秤等物品。

通道县社区学院还引入 5G 技术，用更新的技术、更灵活的形式展现历史、呈现文物，提升教育的丰富性和趣味性，让学员直观地了解通道转兵会议的全过程及其深刻的历史意义，并围绕通道转兵纪念馆工作全方位制作宣传片，以及设计、制作手提袋、宣传册、手办、书签等文创产品。

（三）融合发展，打造红色旅游"新地标"

为践行习近平总书记的殷切嘱托，通道县社区学院积极发挥爱国主义教育基地的功能和作用，突出红色文化社会教育职能。以革命历史教育培训为切入点，深刻挖掘通道转兵革命历史资源和精神，把党性教育与通道转兵历史相结合，面向全社会开展教育培训活动，让红色文化和全域旅游发展相得益彰，为推动"红色旅游 +"的拓展延伸作出积极贡献。

为了将通道转兵红色文化推而广之，2019 年开通了"通道转兵号"红色专列，让学员不仅能聆听"红色移动课堂"里的党史故事，而且能直观地了解党的光辉历程。行程内安排了敬献花篮、重温入党誓词、参观通道转兵纪念馆、观看《通道转兵》红色电影、体验红军生活等形式多样的活动。列车上推出"听、讲、诵、答、唱"等互动互学的丰富多彩的教学活动。车厢内的"百年辉煌""革命精神""榜样光辉""鱼水情深""复兴之路"五个主题，融入了侗族元素、历史故事等内容，突出百年党史、通道红色印记、通道民俗风貌展示，做成了红色教育"网红"打卡专列，切实让红色文化与历史、时代、旅游、地域相融合，全力打造出全国红色旅游新地标。

奏响红色教育"三部曲"，助力幸福家园建设

——娄底市娄星社区老年大学推进红色教育的探索与实践

一、案例背景

娄底市娄星社区老年大学始建于 2002 年 12 月，学校始终秉承"寓学于乐、优质服务"的教学理念，努力为老年学子、社区群众提供"星（娄星）、心（忠心）、新（创新）、馨（温馨）、欣（欣欣向荣）"的"五星"服务。

近年来，娄星社区老年大学以习近平新时代中国特色社会主义思想为引领，坚持以社区居民为中心，努力扩大红色文化在社区邻里间的传播，弘扬红色精神，用红色教育奏响社区"红色宣教"主旋律，助力社区建设幸福家园。

社区是党和政府联系群众的重要纽带，也是社会主义新时代的基本单元。娄星社区老年大学通过开展各类具有红色特色的活动，建设基层服务型支部，让社区居民更好更直接地了解党和政府的工作方针，营造良好的社区文化氛围，从而推进社区治理水平的不断提升。

二、主要做法

（一）加强学习，提升思想认识，奏响红色教育"引领曲"

娄星社区老年大学突出政治建校，坚持常态化、长效化开展党史学习教育，引领全校师生不忘初心跟党走，永葆政治本色，奋进新时代。将奏响"红色"旋律作为学校政治思想上的"引领曲"，首先要求参与者对马克思主义理论基础知识进行深刻的学习。学校不定时组织红色理论学习专家，通过授课、讨论、聊家常、讲故事等形式，帮助社区居民和娄底市民了解马克思主义的核心思想和方法论。

《习近平谈治国理政》第四卷专题辅导

　　一是组建班级临时党支部，夯实学员党建工作基础。为加强学员党建工作，提高学员的党性觉悟和理论水平，学校成立了班级临时党支部，配备了支委成员，制定了相关制度和学习活动计划。通过班级临时党支部组织，学校可以更好地发挥党员的模范带头作用，加强团队意识和竞争意识，高效推进党性建设和红色学习，做到每个支部有党员负责、职责明确、责任到人，确保党建引领到位，工作落实到位。

　　二是坚持把政治建设放在首位，强化党史学习教育。为充分发挥老年大学思想政治建设主阵地作用，学校始终坚持政治立校，坚持把思政课作为学期开学"第一课"，同时每周五下午安排专门时间开展党史学习主题教育活动。通过强化思想政治教育、党史学习教育，促进广大学员不断增强"四个意识"、坚定"四个自信"、做到"两个维护"，坚定感党恩、听党话、跟党走的信心决心。

　　三是结合学习内容，开展丰富多彩的主题活动。近年来，学校先后举办了"畅谈十八大"主题座谈会，"喜迎十九大"教学成果会演，"喜庆十九大"文艺宣讲，喜庆改革开放 40 周年主题讨论，庆祝建党 100 周年主题活动，开展党的十八大、十九大、二十大精神和习近平总书记系列重要讲话专题讲座等。同时组织学员积极参加省市离退休干部各类比赛，如2018年舞蹈班参加全省"走进新时代·共筑中国梦"广场舞比赛获三等奖，2019年太极班参加全省"礼赞新中国·奋进新时代"太极拳比赛获二等奖，2022年老干部舞蹈队参加"喜迎二十大·奋进新征程"文艺作品展播获优胜奖、精神风貌奖。通过一系列形式多样的主题活动，红色教育在老年学员心中扎根，点燃了信仰之火。

（二）党建为魂，提升服务水平，奏响红色教育"进行曲"

党建引领是办好老年大学的根本，只有依靠党的基层组织，老年大学才更有生命力、更出彩。娄星社区老年大学作为一所专门为老年人开设的学校，在教育老年人方面一直发挥着独特的作用。近年来，随着社区治理的深入推进，学校也逐渐将自身与社区党建工作紧密结合起来，积极配合社区深入开展党建教育，稳步推动"三基三创"基层治理能力提升，扎实推进落实"一切工作到支部"，全面提升党建服务水平，充分发挥基层党组织战斗堡垒作用。

积极开展爱国主义教育和红色文化教育，激发全体党员新担当新作为情怀。为结合思想和实际工作，学校扎实推动爱国主义和红色文化教育，积极探索新的党建工作模式，通过开展"组织生活会""主题党日"等活动，提高党员队伍的思想政治水平和组织纪律性。同时，临时党支部经常组织党员学员前往韶山、贺国中故居、双峰蔡和森纪念馆等红色教育基地参观学习，以"踏寻红色足迹、传承红色基因"为主题，缅怀革命先烈，接受革命传统教育，进一步激发全体学员新担当新作为情怀，凝聚奋进力量。

（三）发挥余热，建设幸福社区，奏响红色教育"和谐曲"

"莫道桑榆晚，为霞尚满天。"近年来，娄星社区老年大学积极引导学员融入社会、服务社会、奉献社会，构筑起志愿服务形式多样、党员学员参与广泛、社会效应显著提升的党群服务"大格局"，激励学员积极将正能量融入基层治理和为民服务中，为社区发展贡献智慧力量。

一是充当好基层组织建设的"参谋员"。老年大学学员大多都是离退休干部，受党教育多年，政治觉悟高，工作经验和社会阅历丰富，社区定期征求学员意见，引导他们退休不退岗；组织学员积极配合社区日常工作，推进"小区党建＋物业＋楼宇会"城市基层治理模式，在强基促稳、服务群众中发挥作用；邀请学员作为社区居务监督委员会的义务监督员，对社区服务居民、勤政廉洁、依法办事等方面进行常态化监督。

二是充当好党的方针政策的"宣传员"。学校引导学员配合社区党支部开展学习教育，及时组织学习习近平新时代中国特色社会主义思想和党的十八大、十九大、二十大精神等，利用"学习强国"等信息化平台加强学习；结合学员各自工作实际，依托专业特长和业务熟悉、优势，通过上党课、专题讲座、拉家常等形式，使党的政策深入人心。

三是充当好矛盾纠纷的"调解员"。矛盾纠纷调解是离退休干部发挥作用的一个重要方面，社区利用离退休干部经验足、威信高的优势，聘请老年大学学员加入社区人民调解室，参与信访维稳、解决邻里纠纷、调解家庭矛盾等工作，为推进经济社会高质量发展营造稳定和谐的社会环境。

"五老"学员志愿服务队

四是充当好社会风尚的"引领者"。学校组织学员参与社区老年志愿者服务队，广泛开展新时代文明实践工作，深入居民群众开展疫情防控、反电信诈骗、扫黑除恶、文明祭扫等活动宣传；建立常态化机制，组织学员与社区一起到娄底四小、区机关幼儿园开展关爱慰问活动，营造尊老爱幼的良好社会氛围。

三、难点突破

深入参与居民生活，切实服务社区各方各面一直都是支部工作的重点、难点。娄星社区相关党员工作者积极落实"五联五帮五到户"要求，全面推进"一切工作到支部""深刻联络入基层"。娄星社区老年大学的党员学员和居民代表主动结对帮扶困难党员、居民群众，开展"支部联支部、服务手牵手"共建互助活动。鼓励学员务实基层工作，分组分小队不断深入各小区、各网格等"最小管理单元"参与志愿服务活动，开展政策宣传，解读党的路线方针政策，大力解决"红色下沉"的难点工作；参与社区建设，深入居民群众中听民意、察民情；参与网格管理，维护社区稳定；参与"我为群众办实事·圆梦微心愿"活动，帮助解决实际困难。

四、成效贡献

（一）红色教育"修炼内功"，社区老年大学充分发挥示范引领作用

娄星社区老年大学红色教育的开展，促进了娄星区老年教育事业的蓬勃发展，有助于构建学习型社会，推进和谐社会建设。2022年，学校共上党课5次，开展专题讲座15次；党员学员每月至少参与1次楼宇会，切实解决居民群众"急难愁盼"问题13件；老年学员利用自身优势，成功调解矛盾纠纷20余件，有效促进了社区的团结和稳定。老年学员积极参与，主动交流互动，增强了对党的认同感和归属感。

（二）红色教育"提质升级"，社区老年大学充分发挥服务社会作用

广大学员以红色经典为主题，深入社区、农村开展文化活动、文艺表演，宣传党史和红色文化，丰富了基层群众精神文化生活；积极参与报纸、杂志、微信公众号投稿，用心得体会、诗词歌赋、书法绘画、摄影作品等感党恩，营造了浓厚的党史学习氛围；举办离退休干部庆祝建党100周年书画展、建国70周年文艺演出、"喜迎二十大"系列活动等，为广大干部职工提供了高质量文艺演出的同时，不断弘扬和传播了社会正能量。

（三）红色教育服务基层，社区老年大学进一步扩大影响覆盖面

一是合理利用红色资源，积极探索建立"老年大学＋分校＋教学点"模式，使老年教育辐射乡镇、村（社区）。如在双江乡贺国中故居设置了爱国主义教育教学点，在街心社区开设了太极教学班，联合广场舞协会在各乡镇、村开展了广场舞培训。

老年大学课程丰富多彩

二是合理利用红色资源，促进老年大学在容量、质量上健康发展。将面对面的课堂教学与线上教学相结合，积极探索在线学习、远程学习等模式。近年来，老年大学平均年招生超过1000人,日均接纳300多人次,年均组织老年教育学习、培训、体验活动达10000人次。

娄星社区老年大学将继续秉承"传承红色文化,服务老年群体"的宗旨,通过更多创新举措,弘扬红色精神,推动老年教育,加快红色文化和老年事业的有机融合,为广大老年人营造一个温馨、充实、有意义的晚年生活环境。

传承红色基因，打造红色学府

——张家界市桑植县社区学院红色教育培训纪实

一、案例背景

桑植县是贺龙元帅的故乡，是红二方面军长征出发地，是湘鄂边、湘鄂西、湘鄂川黔革命根据地的中心地和策源地，是红色经典民歌《马桑树儿搭灯台》和《门口挂盏灯》的诞生地，被评为全国100个红色旅游经典景区之一、全国30条红色旅游精品线路之一。

中国工农红军第二方面军长征出发地桑植县

穿越百年时空，历经百年奋斗，桑植县红色文化在历史的天空中越发耀眼，在世事的变迁中更加笃定，给予了桑植人民巨大的理论力量、思想力量、道德力量及实践力量。如何在"构建服务全民终身学习的教育体系"中把红色资源利用好、把红色传统发扬好、把红色基因传承好，是摆在桑植县社区学院面前的重大实践课题。

二、主要做法

（一）串珠成链，整合实践基地，让红色资源焕发新生、绽放光彩

桑植县是国家首批公布的革命文物保护利用片区分县，拥有国家级重点文物保护单位2处，省级文物保护单位16处，革命文物125处，其中近现代重要革命史迹及代表性建筑47处，纪念建筑、烈士墓23处，名人故居、旧居55处，包括贺龙元帅故居、桑植起义旧址、芭茅溪盐税局旧址、廖汉生故居、龙潭坪六县联合政府旧址、陈家河大捷纪念地、罗峪整编旧址、红军医院等。桑植县社区学院创新专题讲授、现场教学、音视频教学、红歌教学等教学方式，形成六条成熟的精品红色旅游线路，串联贺龙纪念馆、贺龙故居和中国工农红军第二方面军长征出发地纪念馆等16个现场教学基地。

现场教学基地——贺龙纪念馆

芭茅溪盐税局中"两把菜刀闹革命，敢教日月换新天"的英雄胆气，云头山战斗中"要当红军不怕杀，一步一尊英雄躯"的慷慨壮歌，庄耳坪战斗中"为了

下一代能吃上大米饭，冲啊"的拳拳之心，红二、六军团长征出发地中"门口挂盏灯，照亮长征路"的鱼水情深，每一个教学基地都成了一盏灯、一束光，照亮着历史前进的道路，新时代桑植儿女的奋斗之志则在言说先辈故事、铭记先辈精神时被点燃。

在贺龙纪念馆进行红色教育培训剪影

（二）点石成金，打磨精品课程，让红色文化铭记一生、影响一生

桑植是红色的，是一面鲜血染成的旗。战争年代，先后有 5 万多人参加红军、游击队、赤卫队，载入革命烈士名录的就有 5000 多人，桑植儿女用鲜血、汗水、泪水在中国革命史上书写了辉煌的篇章，奋斗足迹遍布桑植大地，革命遗存挥洒山水之间。在桑植，无论是去考察、调研还是学习，人们都在谈红色故事，但大多数口口相传的红色故事仅能够震撼一瞬间、激动一阵子。桑植社区学院是隶属于桑植县委党校的二级机构，紧紧依托县委党校师资平台，加大对本土红色故事的持续挖掘整理，开设菜单式课程，打造了"永恒的守望""红二方面军对长征的历史贡献及其当代价值""贺龙精神""桑植起义"等精品红色教育课程。其中"永恒的守望"被评为全省党性教育精品课程，《马桑树儿搭灯台》《门口挂盏灯》等桑植民歌被列入第一批国家级非物质文化遗产名录。

（三）借船出海，对外交流合作，让红色培训更有深度、更有广度

一是"点"上强载体，把短板打造成长板。桑植社区学院争取项目资金400余万元，进行学员宿舍、食堂、报告厅改造，新建了篮球场、羽毛球场等文体设施和职工之家，改造了大礼堂、学员宿舍的老旧电路，提升了办学基础设施水平。计划投资3.8亿元建设桑植县红色文化体验中心、红色文旅户外拓展基地，项目位于桑植县刘家坪白族乡，占地面积约128亩，建筑面积46248平方米，届时桑植社区学院在基地办公，完善基础设施，扩大办学规模，确保办学条件不断改善。

二是"线"上抓延伸，从单个升级为集群。桑植社区学院深化办学改革，埋头苦练内功，加快资源整合，找出新思路、提出新举措、实现新跨越，广泛开展全县性的红色教育活动，如"桑植县革命传统教育座谈会""桑植县红色故事大赛"，深入中小学校开展"讲红色故事，做闪光学生"等革命教育活动。同时，按照"共建组织、共享服务、共商事务、共创品牌"原则，与映山红酒店、桑植民歌寨等红色教育产业链上下游企业共同组建红色教育培训产业链党建联盟，深度融合红培产业，实现跨越式发展。

三是"面"上重拓展，变特色为品牌。深入实施社区教育，促进桑植革命传统文化与教育互动、与科技联姻、与创意嫁接、与旅游相融，让桑植红色文化更有高度、更有深度、更有广度、更有温度，是桑植县社区学院和广大干部群众共同的责任。同时，在县委、县政府的高度重视下，及时与发改、财政、税务等部门衔接，完成税务登记办理、收费依据和凭证开具等相关后勤保障工作，成功蹚出了一条红色培训与合作之路。自开展红色教育培训以来，仅6个月就接待了来自常德石门县、澧县、鼎城区、武陵区，衡阳常宁市，娄底涟源市，贵州省黄平县等地区10期培训班，培训学员804人。

三、成效贡献

（一）通过红色教育培训，"红色当头、五彩缤纷"的思路更加坚定，发扬传统、传承基因的自觉性不断增强

桑植社区学院的红色教育培训内容，既有面对落后的自然条件，"地是刮金板，山是万宝山，树是摇钱树，人是活神仙"的豁达；又有面对复杂的革命斗争，"要吃辣椒不怕辣，要当红军不怕杀"的洒脱；更有面对未知的长征征途，"有情妹妹等着我，不打胜仗不回乡"的坚定。这些蕴含在桑植民歌中的润物细无声的红色教育，迸发着不畏艰难困苦的乐观主义精神，引领着红色土地上的儿女们从容应对，从一个胜利走向又一个胜利。新时代新征程，全县出台了《关于加快红色旅游产业发展的意见》，实施长征国家文化公园（桑植段）和洪家关旅游区提质项目，发布精品红色旅游路线9条，与湖南师范大学共建红色数字课堂，深入挖掘"做个好党员十条标准"时代内涵，打磨出了一批优质红色研学产品。2020年，桑植县旅游收入达27亿元，同比2019年增长35.9%，开启了红色旅游产业转型升级发展的新篇章。

（二）通过红色教育培训，"踔厉奋发、勇毅前行"的干劲更加充足，为民服务、促进发展的精气神不断提振

桑植社区学院的红色教育培训地点，从"两把菜刀闹革命"到"南昌起义第一枪"再到创建红二方面军，从桑植起义发生地到三大革命根据地再到长征出发地，通过一处处旧址讲述坚如磐石的信仰信念，透过一件件文物彰显历久弥新的初心使命。这些深藏在桑植革命文物中的坚实足迹，闪耀着"越是艰险越向前"的勇毅精神，引领着红色土地上的儿女们成功应对每一场重大风险挑战，一次又一次创造了以少胜多、以弱胜强的奇迹。2022年，桑植县全年完成地区生产总值111.7亿元，同比增长5.0%，位列全市第一；完成地方收入3.96亿元，同比增长10%；完成固定资产投资42.37亿元，同比增长12%；实现社会消费品零售总额33.99亿元，同比增长3.0%；城乡居民人均可支配收入增长5.5%，全县各项事业取得新进展新成效。

（三）通过红色教育培训，对常态化开展党史学习教育的理解更加深刻，坚守初心、勇担使命的机制不断完善

桑植县社区学院对外红色教育培训

习近平总书记强调："要认真总结党史学习教育的成功经验，建立常态化长效化制度机制，不断巩固拓展党史学习教育成果。"经过多年的扎实工作与不懈努力，桑植县社区学院把握总要求、抓实总任务，坚持高标准、体现好作风，红色教育培训工作成效显著。2019 年以来，桑植社区学院举办各类培训班 65 期，培训学员 12000 多人次，其中举办外地红色教育培训班 25 期，培训学员 3500 多人次，得到了来自韶山干部学院、洪湖市委党校、新邵县委党校参训师生的高度评价和肯定。接下来，桑植县社区学院将紧抓党中央和国务院关于建立革命老区重点城市与发达地区部分城市对口合作工作机制的重大机遇，围绕南京市与张家界市对口合作结对以及江宁区、溧水区结对支持桑植县的利好政策，不断加大弘扬传承红色文化、加强革命文物保护等方面的创新合作力度，推动社区教育红色品牌更高水平发展。

红色湘西　红色十八洞

——十八洞红色教育基地建设与运行实践

一、案例背景

2013年11月3日，习近平总书记来到十八洞村考察，首次作出了"实事求是、因地制宜、分类指导、精准扶贫"的重要指示。近年来，十八洞村人民努力进取，接续奋斗，创造了一个又一个的脱贫奇迹，被列为全国爱国主义教育示范基地、全国青少年教育基地。

十八洞村肩负"首倡之地"的责任，通过对湖湘红色文化资源的挖掘、利用，把基地建成青少年学习中华优秀传统文化，特别是湖湘文化、红色文化的重要课堂，引导青少年传承红色基因，涵养家国情怀，激发奋斗精神，带领广大团员青年持续推进"三力一度"，在湖南打造"三个高地"、担当"四新"使命征程中贡献青春力量。

二、主要做法

十八洞村以社会主义核心价值观为引领，传承发展优秀传统文化，积极培育文明乡风、良好家风、淳朴民风，全力建设邻里守望、诚信重礼、勤俭节约的文明乡村。

（一）加强思想道德建设

通过建立健全《十八洞村村规民约"三字经"》，以群众喜闻乐见的艺术形式广宣传，形成了讲文明、树新风的文明乡风。通过开展星级文明户、乡村振兴带头人、最美十八洞人等创建评选活动，以及十八洞村"道德讲堂"，社会主义核心价值观更加深入人心，十八洞全体村民在自力更生、全面小康的路上，进一步坚定了听党话、感党恩、跟党走的决心，永远铭记感恩习近平总书记、永远铭记感恩中国共产党。

（二）弘扬优秀传统文化

通过传承保护、弘扬苗绣、苗歌、苗鼓、苗戏等民族特色文化，办好赶秋节、四月八等苗族传统节庆，组织群众开展各类民俗文化活动，既吸引了全国各地游客前来参观，也极大地丰富了群众的精神文化生活，让十八洞村更具情感寄托。十八洞村利用现有的由28名村民组织参与的十八洞村艺术团和有54名妇女参与的苗绣合作社，组织村民利用夜间空闲时间开展苗族非遗文化学习，定期开展赶秋、歌咏、舞蹈、小品、苗鼓、过苗年、"十八洞相亲会"及"11·3晚会"等丰富多彩的文化活动，有力传播弘扬了民族特色文化。

（三）全力抓好新型职业农民培育

十八洞村立足产业就业，坚持政府主导、多方参与，注重实效原则，着力培育一支有文化、懂技术、会经营的新型职业农民队伍，为乡村振兴提供人才支撑。还以"产业定位、产业转型"为原则，鼓励村民因地制宜发展当家产业，支持村合作社、协会、龙头企业开展培训，重点培养水果种养、蜜蜂养殖、苗绣加工等专业人才，如培育了刘青长、龙先兰等一批村内的"田秀才""土专家""乡创客""能工巧匠"。通过引导符合条件的新型职业农民参加城镇职工养老、医疗等保险，打造了与现代产业发展相适应的职业农民队伍。

（四）加强农村专业人才队伍建设

积极实施"人才下乡""一户一大"工程，注重出台村级激励政策，大力引进公费师范生、特岗教师、银龄教师、"三支一扶"大学生、农技特岗生等人员驻村帮扶。全力扶持一批本土农业职业经理人、经纪人、电商网红、乡村工匠、文化能人、非遗传承人，如支持、帮助施康、施林娇等本村网红做强做大，带动村内其他年轻人参与团队制作，为十八洞村代言。通过实施"筑巢引凤"工程，搭建人才发展平台，在政策、资金等方面给予扶持和奖励，力求吸引更多有想法、有能力的本村年轻人回村返乡创业。

（五）加大农民技能培训力度

通过加强与人社部门对接，共同开展针对村民的补贴性职业技能、岗位技能、就业技能的专业培训，切实提高了十八洞村劳动力自主择业能力和职业转换能力，让更多十八洞村村民实现"家门口"就业。为提高经营农家乐农户的厨艺，为游客提供更优质的餐饮服务，十八洞村精心举办了十八洞中式面点师培训班，邀请专业厨师以"现场示范＋实际操作"的教学方式为学员授课，数十名村民掌握了更多面点和本地特色菜制作技艺，取得了较好的培训成效。

（六）抓红色教育，打造国家级爱国主义教育基地

十八洞村围绕创建党性教育基地、青少年研学基地、爱国主义教育示范基地，努力建设红色旅游导游、党性教育教师、红领巾讲解员"三支队伍"，打造精品红色教育课堂、党性教育课堂、爱国主义教育课堂。2021年接待参观学习团体3500余批次、参观人员14万余人次，同年6月19日，十八洞村被中宣部命名为"全国爱国主义教育示范基地"。

十八洞村"建党一百周年"党员主题教育活动

三、难点突破

（一）加快改革创新，优化管理体制

十八洞村围绕红色文化和旅游融合的行政管理、规划建设，将财政金融的体制改革与红色文化资源保护融合利用，与公共服务融合转化，创新红色文化和旅游人才培养激励的机制，加强区域融合、技术融合、主体融合，应对红色旅游市场的新变化、新需求、新竞争，推进红色主题景区旅游高品质发展。

（二）点线面有机结合，以爱国教育基地建设带动红色旅游发展

十八洞景区将新时代红色旅游与湘西内外的红色旅游景区捆绑发展，争取政策支持和红色资金支持，拓宽红色培训渠道，引进培训人才，开发培训课件，丰富培训内容，创新培训方式，改进培训手段，优化培训质量，培育培训市场。围绕旺产业、稳就业、促增长，增加村民人均收入，不断壮大集体经济，实现乡村振兴可持续成片发展。

（三）加强红色教育人力资源的开发和管理

一是更新观念，加强红色旅游人才工程建设。树立"人才是第一资源"的观念，出台政策，尊重人才、吸引人才、储备人才，使人尽其才；将培训工作社会化和多元化。

二是统一规划，合理开发，优化结构。制定统一开发规划；完善开发培训制度；抓住重点带动全局；挖掘本土专家，建设红色旅游人才数据库和信息平台。

三是重视内容和形式创新，不断提高培训质量。规范培训活动，把培养思想政治素质放在首位；提高创新意识和培训质量，加强专业师资队伍建设。

四是调动各方积极性，建立有效的培训体系。整合教育资源，完善人才培养体系，各方明确职责，分工协作；加大企业、社区参与度，加强区域合作；开展培训基地建设，加快培养国际化人才；用好网络平台培训人才，培育"网红"。

五是树立终身学习的理念，创建学习型组织。牢固树立终身学习的理念，确立用人单位在培训中的主体地位，按照一专多能培养综合型人才。

四、成效贡献

一是传递了爱国主义红色精神。十年来，十八洞村牢记习近平总书记殷切嘱托，在各级党委政府部门的关心支持下，围绕"五个一批""六个精准"等精准扶贫举措，实践出可复制可推广的好做法，全村发生了翻天覆地的变化。十八洞村在全国脱贫攻坚表彰大会上被授予"全国脱贫攻坚楷模"荣誉，入选建党百年红色旅游百条精品线路，被授予全国爱国主义教育示范基地、全国青少年教育基地……

吉首市第四中学师生在十八洞村开展研学活动

二是传承了优秀的传统文化。通过开展爱国主义教育，越来越多的人了解了十八洞的精神内涵，参与到体验民族传统文化的活动中来，通过学习苗绣、苗鼓、苗画，对民族文化有了更深层次的感悟，也坚定了传承民族文化的意识。

三是乡村文明和谐程度越来越高。通过打造红色爱国主义教育基地，村民们的精神面貌焕然一新、综合素质得到了极大提高，并且树立了终身学习的理念。参加各项培训的人员越来越多，村民的生活水平、生产技能得到提高，收入也越来越高，日子越来越红火；打牌、吵架的人也越来越少，邻里关系越来越和谐，呈现出一片和谐美好的场景。

湘西州庆祝建团 100 周年全国青少年教育基地十八洞村研学活动

四是服务乡村振兴,村民生活幸福指数提升。2013 年到 2020 年,十八洞村村民人均可支配收入从 1668 元提高到 18369 元,村集体经济由 0 提升到 200 万元以上,贫困发生率由 56.76% 下降到 0。十八洞村在提升水果品质、拓宽销售渠道上下功夫,确保"飞地经济"猕猴桃稳产增收;民族手工苗绣方面,通过组建合作社,开发新型产品,与中车株机、湖南工业大学签订合作协议,发展苗绣订单业务,让 54 名留守妇女在"家门口"就业,人均每年增收 1.5 万元,2021 年实现产值 45 万多元;对山泉水厂道路开展"白改黑"优化设计,2021 年实现村集体分红 57 万元;与十八洞东森农业有限公司签订油茶种植合同,紧紧围绕乡村振兴产业综合体推动油茶基地开发,种植油茶 200 亩。

五、后续举措

(一)力争多方支持,巩固成果

十八洞红色教育基地的发展离不开政府的支持与关注,也离不开社会各界力量的帮助与推动,更离不开十八洞人民的奋斗与坚持。

一是继续争取州委州政府、县委县政府的支持，根据十八洞的实际情况制订科学的发展规划。

二是借助更多的社会力量，争取更多的项目支持，继续做好基地的基础设施建设。

（二）加强基地人才培养

红色精神、红色文化都需要高素质专业人才的宣讲，加强对基地红色教育人才的培养与基地的发展息息相关。通过不断的学习和培训，逐步提高人才的综合素质和专业能力是不容忽视的工作内容。

（三）开辟多样化的教学和培训模式

面对日益增多的参加红色教育培训的群体，十八洞红色教育基地需要探索出多样化的教学和培训模式，让其能够更深层次地体会十八洞的红色精神，从而实现红色教育的目标，感悟红色教育的意义。

02 释放绿色动能，助力城乡发展

坚持做绿色理念的践行者和传播者

——"周晓明工作室"环保志愿团队的创建和发展历程

一、案例背景

东沙社区位于长沙市芙蓉区东湖街道，辖区面积 2.26 平方公里，与美丽的浏阳河、东湖相伴，现有 6 个居民小区，常住户约为 2101 户，6219 人，辖区单位有湖南农业大学，包含校团委、离退休处、26 个学院、农大子弟小学、农大幼儿园等部门机构，是典型的学院型社区。多年来，社区积极探索与辖区单位共同开展志愿服务共建活动，有效利用辖区内丰富的人力资源助推志愿服务活动的深入，建立了一批优秀的志愿者团队，常年活跃在社区的街头巷尾。

"周晓明工作室"环保志愿团队就是东沙社区众多志愿者队伍中的重要一支。一群来自湖南农业大学生态环境保护协会的青年学子，在湖南农业大学生科院教师周晓明的带领下，以"周晓明工作室"为依托，将浏阳河环保、生物多样性保护、两型社区建设等作为关注重点，走出校园，服务社会，志愿开展了大量的环境调查、环保宣教、生态修复和物种保育工作。

二、主要做法

（一）十年如一日，巡护母亲河

周晓明是湖南农业大学生态环境保护协会的指导老师，曾长期自费开展浏阳河环保单人漂流行动，每次都是从源头出发直至河口，对长达 234.8 公里的浏阳河进行整体调查，记录沿途的污染状况和环境破坏因素，一做就是十几年，旨在唤起全社会对这条红色河流的关注和保护。在他的感召和带动下，志愿者们纷纷加入这支队伍，并成立了"周晓明工作室"，以绿色徒步、环保漂流等方式定期巡护浏阳河，撰写生态调查报告，上报环境信息，实时监控浏阳河生态环境情况。十几年来，周晓明和志愿者们累计拍摄各类环保和活动照片（视频）达十万多张（段），发布各类新闻信息一百多条，提交各类报告、建议数十篇，有力促进了浏阳河生态环境的改善。工作室组建的母亲河漂流队成为远近有名的志愿者队伍，许多外地的志愿者纷纷慕名而来；漂流队常年坚持开展的水环境调查、浏阳河科学考察也成为了长沙市志愿服务领域中的特色品牌活动。

（二）开展环保宣教，传播绿色理念

6月5日是世界环境日，在此期间长沙市都会举办环保文化节。"周晓明工作室"团队多年来全力服务于文化节各类志愿活动，广泛开展环保宣讲，逐渐成为文化节上一支亮眼的志愿者主力军。2014年以来，工作室开展的鹭鸟保育和城市观鸟活动取得了良好效果，建设了西湖和东湖两大鹭鸟保育基地，良好的保育环境吸引了众多白鹭的到来，成为城市一道亮丽景观，受到前来参观游客的好评，每年直接受益人数超过20万。团队积极开展青少年自然科普教育，利用自制的多媒体课件和视频，在长沙市多所大中小学开展相关科普讲座30余

在浏阳河上开展亲子家庭水上科学考察，提高环保意识

场，倡导保护野生动植物和城市生态修复，每年受众达数千人，促进了社会环保意识的提高。同时，团队面向社区儿童开设假期实践科学营，开展诸如观鸟、阳台园艺、环保手工、环保摄影等形式的青少年科学实践活动累计100余次，提高学生们对自然科学的兴趣，加强他们的环保意识；面向青少年开展各类环保实践活动，包括浏阳河益行、植树复绿、生态放生、生物影像、科学考察、观鸟护鸟、物种保育和生态修复等科普实践活动；面向全体居民开设专业环保知识宣教课堂，宣传环保知识，教授绿色生活技巧，呼吁社区居民保护生态环境，助力构建绿色、环保、健康社区。工作室还自购皮划艇，定期组织皮划艇和环保漂流活动，传承和发扬浏阳河水上运动文化，丰富街道社区文化生活；举办环保骑行、徒步、观鸟等休闲活动，推动浏阳河功能向生态旅游升级，促进低碳休闲活动蓬勃发展。

（三）探索生态修复，建设"绿色九道湾"

　　工作室坚持科技环保先行，建立了浏阳河功能植物实验室，筛选、繁育生态功能植物。经过多年不懈的研究和努力，工作室共筛选出适合湿地保护的20多

志愿者团队长期组织植树复绿和生态修复活动

种本土功能植物，并在浏阳河流域开展生态缓冲带建设，定期组织志愿者开展植树复绿活动，至今累计种植树苗 10000 多棵，不断提高河流自净能力。在工作室的长期生态修复下，原来裸露和被破坏的浏阳河东湖段河岸，已成为植被茂盛、鱼鸟欢快的"绿满九道湾"，生物多样性明显增加。浏阳河生态修复项目也光荣入选团中央伙伴计划项目和湖南省河小青项目。

（四）专业赋能环保，共建绿色城市

工作室结合自身专业优势，从 2016 年开始，积极响应政府号召开展社区垃圾分类利用，如将快递盒等回收送至废品站，把生物质废弃物进行堆肥回用，对枯枝落叶、厨余垃圾等废弃物接种益生降解菌后堆肥，形成的堆肥用于社区植物栽培，为城市垃圾减量、防治农业面源污染提供技术支持，实现了近 550 千克资源循环和垃圾的再生利用。工作室的志愿者们积极走进学校和社区，为广大居民科普垃圾分类知识，通过讲座、游戏和实验等方式，向社区居民宣传垃圾分类的理念，提高他们垃圾分类的技能，培养资源回收的良好习惯。

开展社区科学环保活动

三、成效贡献

（一）打造了鲜明的志愿服务品牌

工作室的防治入侵物种福寿螺项目获湖南省第五届"雷锋杯"青年志愿者服务项目大赛金奖。在全国首创的特色项目"互联网＋野生动植物保护"中，志愿者们利用互联网对非法售卖渔猎工具网店及野生动植物违法交易进行上报，直接促成京东、淘宝等电商平台对"电捕鱼工具"等关键词进行了屏蔽，切断了不法分子网络购买电鱼工具的主要途径，为水生态环境保护作出了贡献，该项目获得了湖南省第二届青年志愿服务项目大赛金奖。

（二）提供了高质量环保实践平台

工作室通过认真调研、科学设计和精心准备，将浏阳河东湖段建设成为经典的环境保护平台，通过植树、净滩、益行和修复等方式，为青少年和社区居民提供环保实践服务，坚持了15年的"绿满九道湾——浏阳河东湖段生态修复"，在"雷锋家乡学雷锋"评选中被评为最佳志愿服务项目，产生了很好的社会影响。

（三）得到了社会广泛认可与高度评价

"周晓明工作室"团队先后获得中国青年志愿服务项目大赛金奖1项、湖南省青年志愿服务项目大赛金奖3项、湖南省"雷锋杯"青年志愿服务项目品牌赛5A项目2项、湖南省高校十佳学生社团2次。周晓明本人也被授予湖南省雷锋式志愿者、第十一届中国青年志愿者优秀个人、长沙市一江六河守望志愿者，湖南省学雷锋优秀志愿者、湖南省高校"百优十佳"学生社团最佳指导老师、长沙市文明市民标兵等荣誉称号。

未来，周晓明工作室将继续做好大学生公益社团教育，培养学生的志愿者精神，深入开展浏阳河生态环境保护，积极参加河长制框架下的环保活动，开展城市生态修复和青少年自然教育，完成好绿色卫士和民间河长的光荣使命。

社区教育助力"绿色"乡村振兴

——长沙县社区学院工作纪实

一、案例背景

长沙县社区学院是由长沙县委宣传部主管、长沙县教育局主抓，立足社区、服务社区，融职业培训、继续教育和社区服务为一体的多功能、多层次、开放型的社区教育机构。全县社区教育网络由社区学院以及 18 所镇（街）社区学校、214 个社区学习中心组成。学院秉承"崇学、善学、悦学"的办学理念，广泛开展以社区教育为重点的适应不同类型人群需要的各级各类培训，指导街道、社区开展社区教育教学活动，在基层宣传和普及终身教育思想。近年来，社区学院深入学习贯彻习近平总书记关于乡村振兴的重要论述，认真落实《湖南省教育厅等九部门关于进一步推进社区教育发展的实施意见》，积极探索社区教育助推乡村振兴战略实施新路径，取得良好成效。

二、主要做法

（一）引进与联合，助力"绿色"乡村教育振兴

一是引进国家优质资源，线上线下融合教学。长沙县社区学院以满足人民群众不断增长的学习需求为宗旨，以建设学习型社会为抓手，积极探索"互联网＋教育"开放式教学模式，为居民提供线上线下多种形式的学习支持服务，不断适应新形势下的社区教育发展。2021 年，引进国家数字化学习资源打造"乡村振兴大课堂"，开设在线课程 19 门、分类课程 43 门、精品小课 1200 多门，包含"家庭教育""智能手机""防疫课程""家政收纳""政务礼仪"等一系列课程，同时利用"悦学星沙"公众号做好宣传推广，组织村民开展常态化学习，确保有

需求的群众在"指尖"上随时随处可学，关注学习超 1000 人次。线下开展了"剪纸""纸艺花""太极""声乐合唱""网络创业直播""舞蹈形体"等一系列培训活动，使村民能在家门口学习得到了更好的保障，村民的满意度和获得感不断提升，社区教育在农村地区的认知度和参与度也得到提高。

二是打造特色社区教育主阵地。长沙县社区学院以创建终身学习活动品牌为契机，联合天华少奇讲堂、杨开慧纪念馆等场馆打造社区教育主阵地，深入农村社区开展精神文明学习、爱国主义教育、党史教育等活动，有效利用县域丰富的场馆教学资源进行宣讲。宣讲过程中，一直坚持以人民为中心，用优秀传统文化践行核心价值观，引导村民传承传统美德，构建和睦、和谐的家庭关系、邻里关系、社区关系，做新时代文明长沙人，为全县新时代精神文明建设和乡村振兴奠定了良好基础。

（二）传承与创新，助力"绿色"乡村文化振兴

一是挖掘乡土资源，传承特色技艺。长沙县剪纸历史悠久，为传承这种优秀的传统文化，社区学院聘请专业教师送课进社区、进村镇，通过参观观摩、各种展示等形式，逐步在本地区推广以"福居古镇 乐学剪纸"为主题的剪纸技艺传

长沙县全国终身学习品牌项目"福乐剪纸"现场

承学习，受到了社区居民群众的肯定，同时也涌现出了一批能手巧匠，他们热心剪纸，边创作，边推广，成为剪纸达人，并申报成立了长沙县第一个民间艺术组织——长沙县剪纸艺术联合会。2019年，长沙县"福乐剪纸"荣获全国终身学习品牌项目。利用剪纸这一载体，社区学院还推出了"剪纸+国学""剪纸+廉洁文化""剪纸+文明创建"等系列主题活动，民俗文化润物无声地滋养人们的心灵，广大居民的素养在寓教于乐中得以提升。

青山铺镇社区学校开展的绿色德育项目"绿色开心农场"

二是社区教育赋能绿色实践。为深入挖掘、继承和创新优秀中华农耕文明中的乡土生态文化，赋予绿色乡村振兴新的时代内涵，长沙县社区学院联合青山铺镇社区学校，在其辖区的青山铺中心小学校园内开辟了一块荒废了3年多的空地，规划实施"劳动体验式教育"的绿色德育项目，为孩子们搭建"绿色开心农场"，让孩子们通过劳动增长知识，拓宽视野，培养动手能力。实践过程中，通过互动式、观摩式、体验式等"泥土味"教学手段开展的"五育合一"实践教育，孩子们爱绿护绿的意识明显增强。"绿色开心农场"成为集学习、劳动、体验、探究、创造于一体的乐园，社区学院在探索家校同育的同时，注重传承"吃苦耐劳、团队合作"的精神，让"中华社稷"根植孩子们的心田。社区教育和义务教育也在绿色实践中得到了有机结合。

（三）培育与合作，助力"绿色"乡村人才振兴

一是搭建电商人才培育平台。长沙县社区学院创新人才培养模式，积极发挥示范引领作用，推进国家级农村职业教育和成人教育，结合本地宣传推广，搭建电商人才培育平台，助力乡村产业振兴。从2020年起，学院连续两年组织"搭建社区教育平台，助力乡村振兴战略——长沙县直播节"，开展现场直播、短视频拍摄、地标打卡等活动，在销售产品的同时，集中展示新农村建设新风貌和乡镇农庄美丽风景。第一届直播带货节培训学员60多名，通过5天专业培训，帮助㮾梨街道辖区内"口口香""优品派"等食品企业进行宣传推广，线上订购近百单。举办第二届直播短视频节，评选出一等奖1名，二等奖2名，三等奖3名，优秀奖3名，参与奖4名，其中一、二等奖获奖作品在长沙县全民终身学习活动周开幕式上进行了播放，受到广泛好评。2022年，社区学院被中国成人教育协会授予全国第一批"乡村振兴电商人才培育基地"。

长沙县社区学院致力于搭建农村电商培育平台

二是合作开展技能培训。长沙县社区学院发挥桥梁作用，主动对接域内职业院校、政府部门和知名企业，联合组建"政校企携手践行乡村振兴共同体"，按

照育训结合、长短结合、内外结合的策略，通过开设校企合作班、建设技能培训基地等模式，为推进乡村振兴培育了大批技能型人才。2018年推动湖南慧盟重工科技有限公司与湖南交通职业技术学院合作开设"慧盟班"，主要面向中职学校的农村学生，"订单式"培养重型机械类技能人才150余名。2020年5月，与县应急局共建应急管理教育培训基地，基地挂牌以来开展针对企业安全员、校园安全员、电工、焊工、叉车技工等的各类技能培训20余场次，培训学员10000人次，结业考核发放安全员证560本、电工证213本、焊工证871本、叉车证1037本、行车证546本。

三、成效贡献

近年来，长沙县通过社区学院、乡镇（街道）社区学校、（村社区）学习中心三级办学网络，打造出一个牢固且富有成效的社区教育办学体系。在上级部门的正确指导下，进一步确立了社区教育的职能定位，厘清了责权清晰的运行管理体制，完善了课程资源的体系建设，夯实了社区教育基础，为"绿色"乡村振兴作出了积极贡献。

长沙县自古为三湘首善之区，迄今已有2200多年历史，哺育了一大批仁人志士。长沙县社区教育在助力"绿色"乡村振兴的实践中，充分利用这得天独厚的革命教育资源，先后培育出1个国家级终身学习品牌项目——"天华少奇讲堂"，2个市级终身学习品牌项目——"唱响红色旋律 传承开慧精神"和"天华'十个一'课堂"。此外，在社区学院的指导和支持下，㮾梨街道获得全国农村优秀学习型组织"学习型街道"称号。长沙县社区学院还获得《全国农村职业教育与继续教育数字化学习资源共建共享研究与应用》课题实验基地、全国首批试点共建乡村振兴电商人才培育基地、长沙市老年教育示范基地等荣誉称号。由长沙县社区教育师资库老师组织编写的乡土教材《我的家乡》《㮾梨古镇轶事》等荣获全国优秀乡土课程。学院提交的"提升农民精神风貌"实验项目也获得国家立项。这一项项傲人的成绩饱含了社教人的情怀和坚守。

社区教育任重而道远，长沙县社区学院将抓住社区教育之"始"——需求度，社区教育之"中"——参与度，社区教育之"末"——满意度，教其所需，学其所愿，教需匹配，不断完善终身教育网络、机制、体制、内涵，紧跟国家乡村振兴战略步伐，为提升居民综合素养和加快建设学习型社会助力。

用"红色"引"绿色"，探索垃圾分类新模式

——湘潭市岳塘区宝塔街道云峰社区社区教育实践

一、案例背景

湘潭市岳塘区宝塔街道云峰社区位于湘潭市市政中心，占地 1.8 平方公里，是市委、市政府及 40 余家机关事业单位的驻地社区，有东方名苑、湖湘家园、湘中世纪花园、云峰安置区等 9 个居民区，常住居民 5559 户，15550 人，在校大学生 6300 余人，直管党员 178 名，服务人口 2 万余人。辖区内有一所高校、一所小学，一个公园、两个广场，景色秀美、环境怡人。各小区物业管理到位，公益文体设施完善，群众文化生活丰富，是湘潭市居住环境最好的社区之一。

习近平总书记在党的二十大报告中指出："尊重自然、顺应自然、保护自然是全面建设社会主义现代化国家的内在要求。必须牢固树立和践行绿水青山就是金山银山的理念，站在人与自然和谐共生的高度谋划发展。"云峰社区学校始终坚持以党的二十大精神和习近平新时代中国特色社会主义思想为指导，发挥社区学校教育功能，整合辖区优质资源，聚集社会各方力量，利用"红色"引领"绿色"。通过开展各类教育培训讲座，组织各种宣传实践活动，在社区全域全面实施垃圾分类，在有效推进绿色低碳社区建设中取得了一定的成效，不断满足了广大居民群众对优美环境、舒适生活的向往，共同创造出幸福生活。

二、主要做法

（一）加大宣传力度，牢固树立"我要分类"的意识

云峰社区学校认真贯彻落实习近平新时代中国特色社会主义思想，扎实践行以人民为中心的发展思想，积极推进垃圾分类的宣传工作。

一是社区学校在主要活动场地悬挂垃圾分类的宣传横幅，大力普及宣传生活垃圾分类知识，推进居民做好生活垃圾分类工作的同时，联动社区物业公司在辖区内、小区各楼栋挂通过横幅、设展板、发资料、作宣讲、LED 显示屏字幕播放等方式开展各类宣传活动，推进垃圾分类宣传"五进"（进小区、进家庭、进机关、进企业、进学校）工作。

二是组织垃圾分类指引员、社区志愿者、城管网格员构成主要的宣传力量，以入户宣传、派发宣传资料、桶前值守劝导、分类示范指导、主题宣传活动等多种宣传形式，搭建与群众之间良好的信息传递渠道，向居民普及垃圾分类知识，争取群众的理解和认同，让群众懂得分、愿意分，引导群众积极实践垃圾分类，营造生活垃圾分类人人皆知、积极参与的良好氛围。派发宣传资料 8000 余份、张贴宣传海报 80 余份、悬挂宣传标语 30 余幅、开展入户宣传工作 100 余次、指导群众分类投放 1500 余起、开展主题宣传活动 6 次、发放分类宣传手提袋 1000 个。

云峰社区开展"垃圾分类 从我做起"宣传活动

三是各类宣传设施全覆盖，促使居民从思想观念到日常行为上的改变。云峰社区学校坚持以人为本，从思想到行为上对居民群众逐步予以引导和推进，让居民的垃圾分类意识一点点建立起来，逐步实现了"要我分类"变"我要分类"意识的转变。

（二）举办培训讲座，不断拓宽"我懂分类"的范围

云峰社区学校依托办学平台积极举办垃圾分类培训讲座，面向老年人、青少年等群体详细讲解生活垃圾分类工作的重点、难点以及分类的方式方法等。2022年，通过"社区学院""老年大学""青少年暑假托管班"等渠道，全年开展垃圾分类教育讲座、学习培训近20场次，授课教师用通俗易懂的教学方式边讲解边示范，向广大居民广泛宣传减少污染、关注环境、关爱生命、善待自然的重要性，不断提升居民群众的生活垃圾分类意识，引导其养成主动分类、自觉投放、正确分类的良好习惯，形成"人人有责、人人尽力、人人作为"的良好氛围。

云峰社区以"小手拉大手"的形式开展垃圾分类亲子活动

（三）组建志愿队伍，展现"我来分类"的风采

云峰社区学校因地制宜，因材施教，始终从实际出发推进社区垃圾分类工作。

一是积极联合物业公司，充分整合资源，提高垃圾分类知晓率和投放准确率，将小区物业人员发展成为垃圾分类宣传骨干，与社区"七彩云峰"志愿服务队、"巾帼志愿服务队""党员志愿服务队"实行包片包户包家庭，进行上门入户宣传、指导垃圾分类工作。

二是成立垃圾分类志愿者队伍，由学校教师带头，充分调动学员积极性，组织热心居民、退休党员干部、青少年团体等担当垃圾分类工作的督导员、巡查员、讲解员，通过他们对社区的引导、督导，逐步实现"家家都做、人人都会、个个都行"，让垃圾分类成为居民新习惯、新风气。垃圾分类志愿服务小分队头戴小红帽，衣着红马甲，穿梭于小区的各个垃圾分类投放点，开盖查看，拎袋检查。

三是组织开展垃圾分类实践活动，邀请专业社会组织入驻社区党群服务中心，社区、物业、社工三方共同打造社区学院、父母学堂、安心小屋、绘本馆、舞蹈室、书画苑、手工烘焙坊等"党建引领＋红色文化"服务阵地。如开展彭德怀故居爱国主义主题教育活动、"小手拉大手"垃圾分类游艺活动、"垃圾分类 我先行"活动、学习强国积分兑换垃圾袋活动、"垃圾分类 你我同行"主题宣传活动、"美好环境与幸福生活共同缔造"活动。

"分类一小步 文明一大步"垃圾分类宣传活动

由社区居民和党员、热心市民、退休职工等200余人组成的垃圾分类志愿服务小组走进社区、走上街头，近两年来近2万人次参与。从2020年1月开始，开展以"守桶、入户、回收"为主题的服务活动共计40余场，人均日常志愿服务时长达300小时。通过志愿者队伍的模范带头作用，社区居民垃圾分类的意识和责任心更强了，参与垃圾分类的人更多了，社区更整洁了，有效提高了居民群众的归属感、获得感和幸福值。

（四）坚持多元融合，逐步推广"科学分类"的经验

云峰社区学校经过多次探讨、实地考察、投票等民主方式进行投放点的科学选择和整合，让原本被丢弃的垃圾再利用；成立"闲鱼群"，引进绿色小屋，接受居民闲置衣物、物品的捐赠或换购，并通过爱心银行、敲门行动、居民走访等渠道，把衣物、物品捐赠给需要的困难居民群众；给予将可回收物正确处理的居民一定额度的积分，可到社区学校用积分兑换油盐酱醋等家用日常产品，有效地推广了垃圾分类工作深入进行。

学校以"多元队伍、多元教育、多元品牌"为切入点，积极整合辖区各方资源和力量，分别针对不同的垃圾种类进行收集处理，促使居民积极参与垃圾分类，倾力打造东方名苑臻锦园为垃圾分类示范小区，形成可复制、可借鉴的垃圾分类工作经验，并以点带线，以线扩面，在其他小区全面推进垃圾分类工作。

三、成效贡献

一是居民生活垃圾分类意识逐步强化。通过各类分类宣传、培训及发动，社区居民对垃圾分类工作的关注度明显增强，群众的环境意识更上一层楼，居民接受分类宣传、参与分类培训和活动达到全覆盖。

二是以人为本、源头治理模式基本成型。以社区学校为平台，以人为本，全力发挥垃圾分类志愿者服务功能，引领居民自治、社区共治，狠抓源头进行治理，持续改善小区卫生环境，有效提升了居民群众的归属感、获得感和幸福感。

三是居民生活垃圾分类习惯自觉养成。通过开设的"周末亲子课堂"，组织辖区家庭开展手工、趣味运动会等亲子活动。活动的开展增加了居民对社区的认可度，加强了居民之间的融合，化解了高楼电梯住户"一墙之隔不往来，擦肩而过不搭话"的尴尬，凝聚各方力量参加社区治理。通过每月"雷锋志愿服务日"，小区物业、党员及商家等自主为社区居民开展"义剪""义诊""织补""磨刀"

等服务，形成党建引领大融合、居民共建美好家园的良好格局。

四是为小区环境的改善作出贡献。垃圾分类处理工作的实施和及时清运，使得小区环境更上一层楼。以前随风飘的纸张现在变成了大家眼中的可回收资源，居民抢着收集起来。混装的垃圾被随意的处理，加剧了环境的污染也造成了资源的浪费，开展垃圾分类处理，既减轻了污染部分环境负担，更产生了财富和再生资源。

学校社区一体化，金甲古镇产业兴

——衡阳市珠晖区社区学院探索实践

一、案例背景

金甲古镇位于湖南省衡阳市珠晖区茶山半岛中心，是茶山镇的自然地理中心。金甲古镇环境优美，交通、生态优势明显，人文历史悠久；农业特色突出，旅游资源丰富。珠晖区社区学院利用金甲古镇优势，结合国家"特色小城镇"建设战略，在政府主导下，发挥区域内其他学校教育资源作用，就社区教育助力特色小镇产教融合工作进行探索，取得了良好的成绩。

二、主要做法

（一）整合教育资源，助力特色小镇建设

由区政府主导，社区学院牵头，整合本区内高教、成教、职教、社区学校等多种社区教育资源，支持金甲古镇产教融合工作。

一是留住域内优秀人才，推动本地就业创业。二是利用茶山镇社区学校（位于金甲古镇内）、金甲古镇社区学习活动中心，对区域内社区居民进行教育培训，提高社区居民整体素质，推进创业创新，充分激发社区居民的创新创业活力。探索社区教育与产业融合路径，通过整合、利用、管理社区教育资源，助力金甲古镇"特色小城镇"建设和发展。

产教融合培训会

（二）建立机构，明确职责

一是资源共享、共同发展。金甲古镇作为茶山镇的自然地理中心，镇社区学校就设立其中，并有自己的社区学习中心，它与镇内其他学校存在大量可供交换的教育资源，由镇政府实行统筹规划，启动"学校社区一体化"教育工程。

二是建立管理机构。为了加大支持力度，区政府主持成立社区教育委员会，由区镇领导、社区内各企事业单位领导、其他学校领导以及部分居民组成，主要负责实施"学校社区一体化"教育工程的指导工作，协调学校与社区内各有关单位的关系，保证"学校社区一体化"的持续运行。

三是建立运行实体。在学校和社区资源互换的基础上建立实体，建立金甲古镇社区学习中心，由珠晖区社区学院和镇社区学校指导。金甲古镇社区学习中心有明确的办学理念、教学计划、规章制度，有专兼职的教师队伍，有相对固定的场地及专项经费等，并设立实职岗位，负责相关工作的落实。

四是健全政策制度，明确规定学校和金甲古镇社区学习中心的关系，确定相应的权利、责任和义务，"学校社区一体化"教育体系的建立得到政策上的保障。

（三）根据产业发展需求，提供社区教育服务

一是立足古镇，加速人才培养。紧扣城区经济发展需求，实现教、学、研、产一体化人才培养模式。由社区学院牵头，区内高教、成教、职教院校与金甲古镇20余家企业签订校企合作协议，与4家企业建立订单培养合作，校企共同制订人才培养方案2个，建设生产性实训基地3个，推广合作成果8项。

二是服务古镇，发展特色专业群。围绕金甲古镇产业需求，社区学院指导金甲古镇社区学习中心，加大园艺植物栽培、育种、植物保护、采后处理和营销等方面基本能力的训练。

三是对接古镇，探索就业新模式。积极推进引企入校、办校进厂，与4家企业共建实训基地，实施"定向培养"计划，开设订单班5个，培养学生200余人。与7家企业签订长期合同，企业参与学校专业教学计划的制订，实施工学交替、工学并行，接收顶岗实习学生，接纳学生就业。如金甲古镇社区所辖堰头村的1500亩金甲梨园项目，针对该企业的实际情况，社区学院要求茶山坳镇社区学校，专门为企业开设了梨子早熟技术、套袋技术、三疏技术（疏蕾、疏花、疏果）、分级包装流程、采摘体验销售模式、直播带货等课程培训。经过培训，种出来的梨子表皮光滑、果实漂亮，不含农药成分，梨的营养价值高，保证了每一个梨都是精品。每年丰收季节，该基地车水马龙，外地客商纷至沓来，城市居民也纷纷走出家门，来到青山碧水间体验采摘，相比于水果摊上的挑拣，梨园里的采摘更具吸引力。早熟梨已逐渐成了茶山坳镇的一个新型主导产业，成为该镇农民增收的"山上绿色银行"，直接受益的贫困户达百余人。

三、难点突破

原来区内的高校、职业学院、中职学校几乎独立于社区之外，与社区联系不多，社区和学校之间有道无形的围墙隔离开来，社区教育资源的整合、利用、管理无从下手。为引导高校参与社区教育，充分发挥学校教育资源，社区学院前期进行了大量的走访、调查，向主管部门提出建议，由政府部门主导，社区学院牵

头，以金甲古镇推进产教融合发展为中心，区内高校、职业学院、中职学校参与共建共享，有关部门领导共同参与，组成社区教育委员会，推进社区教育活动的开展，探索社区教育与产业融合路径，为社区教育实现产教融合，助力特色小镇建设和发展打开了突破口。

四、成效贡献

金甲古镇通过启动"学校社区一体化"教育工程，学校教育和社区教育融为一体，使学校、社区之间形成息息相关的共生关系，以利于发挥各自优势，实现双方共同发展，也为社区带来了较高的经济效益。先后开设了31场专题培训讲座，还邀请了国内有名的3位电商专家讲课。通过培训，27位青年成功创业，实现年产值700多万元。该镇现有各类农业专业合社67家，家庭农场33家，全镇还有力丰农业、动物庄园、衡洲农业、宥升农业等产业化龙头企业以及电商平台35家，年产值超千万，带动贫困户就业创业1100多人。

五、后续举措

金甲古镇未来将朝乡村旅游综合体的方向发展。社区学院将对社区学校进行指导，对区域内经济社会资源，尤其是旅游资源、相关产业、公共服务、文明素质等进行全方位调研了解，提出社区教育在金甲古镇经济发展中的任务清单，探索建立产教融合、多元联动的合作机制，在人才培养层次、定位、能力结构等方面做到精准对接，实现区域社区教育资源有机整合、产业融合发展、社会共建共享。

绿色家园　我在行动

——衡阳雨母山镇社区的社区教育工作经验启示

一、案例背景

美丽的雨母山镇（乡）位于雁城（衡阳市）西南郊，区位优越，交通便捷。全镇总面积 37.7 平方公里，人口 1.95 万，下辖 12 个行政村（社区）。长期以来，雨母山镇发展滞后，全乡基础设施匮乏，人居环境"乱"；乡民们因循守旧、小富即安、懒惰散漫等观念严重，人文环境"差"。凡此种种，严重制约着雨母山镇经济社会的跨越式发展。

近年来，古老的雨母山镇软硬件实力不断提升，在加快经济发展的同时，始终围绕"生态雨母、人文雨母"这一主题，全力开展绿色家园整治活动、绿色家园促进活动、绿色家园宣传活动、绿色家园教育活动，在创建生态雨母山的同时，培育文明雨母人。先后荣获"全国文明村镇""湖南省环境优美乡镇""湖南省安全生产示范乡镇"等荣誉称号。

二、主要做法

（一）构筑雁城"田园都市"，实施三大提质改造项目工程，提升硬实力

一是大力开展农村环境连片综合整治行动。2012 年以来，镇政府投入资金 2142 万元，以清洁的家园、水源、田园、能源为目标，标本兼治，重点实施农村生活垃圾处置、生活污水处置、禽畜粪便处置、饮用水源保护四大工程，集中整治，涉及 10 个村、4464 户，2 万农民从中受益，并成功入选省农村环境连片综合整治示范项目。2013 年，省环保厅厅长刘尧臣高度评价雨母镇的整治成效，

省市区领导多次参观调研并推介小镇整治工作先进经验。

二是全面启动雨母小镇改造项目，把雨母小镇打造成具有江南民居风格、靓山纳水的风情小镇。项目计划投资1500万元，在小镇绿化、公共设施、景观改造方面多措并举。2014年以来建成中心广场1个，农民文化广场4处，综合文化活动中心1所，小游园2处。拉通、美化小镇主干道，建设文化长廊600米；启动老街房屋徽式风格改造，打造雨母山生态新城。已入驻的项目有雅士林生态休闲博览园、中泰·峰境雨母山国际休闲城、荣联现代农业科技园、雨联农业科技园、东阳红豆杉基地等，极大地提升了雨母山镇的旅游品位。

三是大力发展生态休闲产业项目。打造一村一品（多品）的生态农业品牌格局，成功推广雨母鱼、雨母菜、雨母果、雨母化四大绿色产业，成功实现产业升级，并有四个村获评省级社会主义新农村。

（二）社区教育搭建三大平台，提高农民素质，繁荣乡村文化，提升软实力

雨母山镇七里山村文艺宣讲活动

一是建设社区教育乡村大舞台。以乡文化活动中心为龙头，以灵山、东阳等农村文化广场为载体，组建了腰鼓队、军乐队、广场舞队、龙灯队和民间文艺社团，广泛开展农村新文化活动，日常有"村头广播金话筒"，节庆时有高质量的文艺演出下乡，农闲时有农民自己组织的民间文艺团队表演，极大地丰富了乡民们的精神文化生活。引导健康向上的生活方式，引领农村文明新风尚。

二是创建衡阳市首个书画之乡，打造雨母山艺术家部落。筹建了乡机关、灵山、东阳等8个书画活动室，大力开展"书画进学校、进机关、进企业、进社区、进寺观""五进"活动，乡村书画创作与展出呈常态化，干部群众爱书画、品书画、藏书画蔚然成风。以雨母山艺术家部落为文化引领，打造文化高地。该部落占地面积6亩，设有活动广场、作品展示区、艺术家创作室等功能区，24位国家级、省级艺术家长期入驻，仅2015年共接待各级领导、游客参观达30批次以上，创作宣传雨母山的优秀作品78幅，开展艺术作品展2次，是一个集文艺创作、展示、交流、研究、培训于一体的文化高地，也是推广雨母文化的重要窗口和传播文明的"文化名牌"。

雨母山艺术家部落

三是开展"三大评比"，助推乡风文明。紧扣群众"身边人""身边事"，在全乡开展了"道德模范""身边雷锋 雨母好人""文明户"和"清洁户"等评选表彰活动，助推文明新风，弘扬社会正气。2015年，全乡共表彰先进典型16名，对468户文明户、1294户清洁户进行了授牌，倡导社会主义新风尚，建设和美乡风。

一系列扎实有效、丰富多彩的绿色家园整治行动、绿色家园促进行动、绿色家园宣传行动、绿色家园教育行动，深刻地改变着雨母人的生活面貌和生存方式。2014年雨母山社区学校获衡阳市示范性社区教育机构，2016年雨母山社区学校携"绿色心灵——绿色家园行动"获衡阳市"终身学习活动品牌"。

三、成效贡献

（一）改善社区环境，提升社区品质

雨母山乡紧紧抓住了"省农村环境连片综合整治示范项目""东阳风情旅游小镇""全国文明村镇"等建设机遇，大干快上，高起点统规，高标准联建，建设了湖南省首条户外健身路径雨母绿道、百万花海艺术庄园、雨母山艺术家部落等文化高地。突出生态旅游、文化旅游，突出"纳水靓山"，形成新的建设亮点。

围绕"保护雁城绿肺，建设最美乡村"的建设理念，突出"环境更加优美，村庄更加秀美，乡风更加和美"的内涵，全力推进"全域公园化"战略，构筑"田园都市"雁城，力保雨母山镇固有的生态环境、传统文化与自然景观。灵山村获评2015年"湖南省美丽乡村建设示范村"，东阳村获评2016年"湖南省美丽乡村建设示范村"。

（二）打造教育品牌，提升了村民素质

雨母山乡依据自身的生态文化旅游优势，狠抓雨母山艺术家部落、雨母绿道等文化载体建设，精准发力，打造品牌。

雨母山艺术家部落是一个集生态文化、雨母文化及乡农民俗文化于一体的文化品牌。近年影响较大的艺术展览活动有"春天里——李竹华书画作品展""续翔的水墨画——菩提续缘""润在春秋——何润成版画、国画作品展"。两年来共接待各级领导、游客50批次以上。2016年6月26日至8月29日期间，"欢乐潇湘、小康蒸湘·纪念建党95周年暨艺术家进驻雨母山艺术家部落书画展"

隆重举行。24位国家级、省级艺术家入驻雨母山艺术家部落，展出29位国家级、省级艺术家40余件艺术精品。

雨母山艺术家部落画展

休闲运动基地"雨母绿道"集山水田园风光、郊野生态风光、旅游休闲运动于一体，成为湖南省最有影响力的首个大型户外健身场地。围绕这一场地，镇、村举办了多项有影响力的活动，开拓了农民的视野，丰富了农民的文化活动，提升了农民素质。2014年9月5日，山地车世界锦标赛冠军Alan与衡阳市山地自行车爱好者一起开启绿道骑行活动，抢先体验绿道优美的自然风光。此后，"节能减排·绿色出行——2015年衡阳市首届（雨母山）市民徒步大会""缤纷雨母季 彩倡文明"千人彩跑活动、湖南骓驰自行车联赛第二届雨母山"雅士林杯"山地车挑战赛、"绿色蒸湘 花漫雨母"市民徒步大会暨蒸湘区美丽乡村生态游活动、"湖南省捷安特自行车嘉年华暨衡阳第三届雨母山珠江合创杯山地车挑战赛"等活动盛况空前，激活了古老的雨母山，倡导了低碳、环保、健康、活力、时尚、文明的生活理念，全方位展现了雨母山乡文明创建成就，共同打造了衡阳市终身学习活动品牌"绿色心灵——绿色家园行动"。

"和美蒸湘 沓福雨母"美丽乡村旅游节暨市民徒步大会活动

四、后续举措

虽然雨母山"绿色心灵——绿色家园行动"建设取得了一定成效，但新农民的"绿色心灵"培育问题、以素质提升为依托，培育有文化的新农民问题；以产业发展为依托，培育懂技术的新农民问题；以面向市场为依托，培育会经营的新农民问题等，亟需得到解决。基于此，"绿色心灵——绿色家园行动"的内涵建设需要不断拓展。

"绿色心灵"下一阶段要建设的重点，是探索如何进一步创造一个群众安居乐业、物质文化生活丰富多彩、人与人和谐相处的人文环境。应坚持以人为本，以创建文明村社为先导，以文明、健康的新农村文化推进新农村建设；克服资金匮乏、人才短缺等困难，积极引导社会力量捐赠，助力农村文化事业，进一步加强文化基础设施的建设，完善文化活动机制，提升文化服务质量；进一步发挥好雨母绿道、雨母山艺术家部落、乡镇文化站、村文化室的牵头作用，激发农民主动参与农村新文化创造的积极性。打造雨母山非遗文化、民俗文化特色品牌，积极挖掘、整理、创新、开发，让其承载更多更丰富的新内容；发展文化产业，引入市场机制，逐步实现"以文养文"，为新农村文化建设增添后劲。在培育农村文化市场同时，还应有效遏制农村涉黄涉赌、邪教、迷信等活动的侵入和漫延，营造科学先进、文明健康、积极进取的农村新风尚。

"数字乡村"智慧平台建设助力乡村振兴

——隆回县山界回族乡民族村社区学校发展模式探析

一、案例背景

为积极落实数字乡村振兴战略，邵阳社区大学隆回县山界回族乡民族村社区学校、邵阳市委党史研究室、邵阳联通公司驻隆回县山界回族乡民族村工作队主动作为，发挥各自优势。在邵阳联通公司的大力支持下，民族村与隆回联通签订了数字乡村建设战略合作协议。隆回联通为民族村提供了数字乡村综合解决方案，为民族村搭建了智慧党建、平安乡村、疫情防控、防溺水、村务公开等功能应用平台，致力于为基层治理和服务注入"智慧基因"。平台面向乡镇村委和村民提供服务，利用信息化手段推进乡村信息化建设，提升乡村治理智能化、精细化、专业化水平，充分发挥5G、物联网、大数据、区块链、人工智能等新一代信息技术优势，围绕惠农服务、产业升级、乡村治理三个方面促进农民全面发展，农业全面升级，农村全面进步。

民族村"数字乡村"智慧平台

二、主要做法

（一）搭建智慧党建平台

在村会议室安装智慧党建大屏，大屏汇聚了入党誓词、党员廉洁自律规范、党员领导干部廉洁自律规范、荣誉榜、支部党务公开栏、党组织介绍以及党建工作活动剪影等几大标准的功能展示模块。可视化的智慧党建大屏帮助党建工作更好地开展，促使党的建设多维度全覆盖，实现党建措施智慧生成，实现党建信息资源融合共享，稳步提升了新时代党建科学化水平。

（二）建好用好疫情防控系统

通过与省卫健委平台的防疫大数据进行比对，帮助村委会开展红黄码排查、返乡人员监测和疫苗接种情况统计排查工作，出现异常情况第一时间预警，以数字化方式替代人工查验防疫数据。此举提升了农村疫情防控水平，在疫情防控中发挥了积极作用。

防溺水监控系统对危险区域进行监控

（三）开展送技下乡活动，助力乡村振兴

2021年7月18日上午，受邵阳市电大、市委党史研究室和市联通公司驻隆回县山界回族乡民族村工作队和村"两委"邀请，市电大、市农科院领导带队，组建了一支专业、精干的农技服务队伍到隆回山界乡民族村开展送技下乡活动，举行农业实用技术培训，将技术送到生产第一线。

　　培训中，市农科院专家对龙牙百合从生物学特性进行分析，对选地、整地、施肥、种球准备和栽培等方面的种植技术进行深入浅出的讲解，为民族村龙牙百合加工和产业发展方向提出建议和设想，并向参加培训的村民发放了"龙牙百合丰产栽培技术"资料。邵阳市畜牧水产事务中心渔业部专家重点对民族村正大力发展的鱼类喂养和龙虾养殖产业从技术层面进行了分析，对村民提出的喂养过程中鱼类缺氧、病害及如何降低死亡率等问题，进行了解答。

　　培训结束后，专家们深入田间地头、山塘水库，与村民面对面进行交流，开展实地指导，对村民种植、养殖生产过程中碰到的问题进行了解答，并提出了针对性的解决措施，村民们频频点头，收获良多。

　　开展农技下乡培训，把农民最需要的技术送到农村，面对面、手把手进行技术指导，有效提升了种植业和养殖业的生产效率，助力乡村振兴。

邵阳市电大、市农科院在民族村进行技术指导

（四）举办智能手机培训，帮助老年人跨越数字鸿沟

　　为贯彻落实国务院办公厅印发的《关于切实解决老年人运用智能技术困难实施方案的通知》（国办发〔2020〕45号）精神，帮助老年人跨越数字鸿沟，更好融入智能社会，隆回县山界回族乡民族村社区学校邀请邵阳社区大学（邵阳开放大学）来村开展"老年人学用智能手机"培训活动，民族村共有近50名老年

人通过老师讲解、演示及现场操作指导，初步掌握智能手机基础设置和微信等常用 APP 的基本操作。为确保培训效果，还有多名志愿者参与其中。整个课堂学习氛围浓厚，老年人纷纷表示以后要多开展此类培训学习。培训学习让老年人在社会加速信息化进程中有了更多的幸福感、获得感、安全感。课后，部分老年人提出宝贵意见：希望以后能学习拍视频和发布到抖音，让他们也能紧跟时代的"潮流"。

邵阳电大邵阳社区大学民族村智能手机培训

三、后续举措

民族村的"数字乡村"智慧平台还在不断搭建完善中，平台目标旨在打通基层宣传和服务群众"最后一公里"。下一步，社区将继续依托"数字乡村"智慧平台，持续完善数字乡村建设体系，推广"互联网＋治理"模式，提升乡村治理智能化、精细化、专业化水平，同时利用"数字乡村"智慧平台积极探索"电商＋直播"服务，帮助农产品种植户增产增收，通过打造电商直播平台以及商城，以农产品直通车的模式，构建乡村直达城市的电商泛生态圈，为城市居民提供乡村特色原生态农产品线上购买渠道，拓宽乡村特色农产品销售渠道，助力乡村集体经济的发展，推进乡村共同致富，助力乡村振兴。

发挥社区教育功能　助力社区基层治理

——岳阳楼区社区教育学院垃圾分类创新经验总结

一、案例背景

习近平总书记在党的二十大报告中强调，垃圾分类工作是生态文明建设的重要一环。为贯彻落实中央、省、市垃圾分类重要指示精神，牢固树立"创新、协调、绿色、开放、共享"的发展理念，2021年以来，岳阳楼区教育局社区教育办紧紧围绕"共建共治共享美好家园"的工作宗旨，指导岳阳楼区社区教育学院大力开展垃圾分类实践活动。垃圾分类是提升文明城市形象、培育全区居民道德素养的重要举措，因此在全区掀起一场学习宣传践行垃圾分类的热潮十分必要。

二、主要做法

（一）"党建＋社区"教育引领垃圾分类

岳阳楼区社区教育学院动员、招募各社区学校55名党员，成立了垃圾分类督导团，督导团制定了党员进社区指导垃圾分类活动制度，建立了"党员垃圾分类轮流表"。督导团的每位党员都精心准备垃圾分类宣传资料和授课PPT，深入街道、社区文化活动中心、社区学校、市民学校向居民宣传指导如何进行垃圾分类。他们利用社区基层党支部的主题党日活动，多次积极投身"保护一江碧水"志愿服务活动中；深入巴陵广场、东风湖附近，清捡沿湖及路边的白色垃圾，并向游客和路人发放宣传资料。截至2022年底，共开展垃圾分类知识进机关、进学校、进社区、进家庭、进企业、进窗口"六进"主题宣教活动8场，发放垃圾分类倡议书18000余份、垃圾分类民意调查问卷18000余份、垃圾分类宣传手册和投放指南12000余份；同时，创新活动形式，督导团的党员们在一中、桥西小学、机关二幼等校园内制作生动易懂的壁画，围绕垃圾分类开展美术绘画、征文比赛等各类活动，通过"小手牵大手"带动学生、家长共同参与，培育遵德守礼、文明和谐的新风尚。

（二）"银龄乐学"志愿服务推进垃圾分类

岳阳楼区社区教育学院"银龄乐学"老年课堂是岳阳社区大学、岳阳楼区社区教育学院共同打造的全市示范性老年教育品牌。截至2022年底，全区所有社区都开设"银龄乐学"老年课堂并组建了"银龄乐学"志愿服务队。服务队由各社区"银龄乐学"老年课堂的学员们组成，这支队伍根据自身的职业、特长、爱好等在推进全区垃圾分类中发挥了积极的作用。

"银龄乐学"老年课堂的学员们向社区居民发放垃圾分类宣传资料

2022年以来，学院在各社区"银龄乐学"老年课堂开设了垃圾分类课程，参加学习的老年学员们自觉加入垃圾分类志愿服务队。他们身穿"垃圾分类"红马甲，臂带"垃圾分类"红袖章，成为社区的"流动宣传栏"。他们每天定时现身于各社区的垃圾投放点，指导居民将垃圾投放到对应颜色的垃圾桶内。这群老年同志还主动针对社区老年人开展寓教于乐的垃圾分类学习活动，普及垃圾分类知识。在社区工作人员的指导下，他们在每个小区的单元出入口张贴生活垃圾分类投放指南、投放导视图海报进行宣传；在生活垃圾分类点执行定时定点由专人或志愿者进行现场督导和劝导；建立垃圾分类劝导员管理微信群，将居民在非指定时间及地点乱丢垃圾行为发布在微信群中，再由社区及物业工作人员上门劝导，按要求分类投放垃圾。

（三）社区教育宣讲活动推进垃圾分类

岳阳楼区社区教育学院为积极响应岳阳楼区政府关于生活垃圾分类工作的号召，与辖区内的企事业单位、学校、银行等各行各业联手推进垃圾分类宣传工作。2022 年 11 月以来，学院在金鹗山街道、岳阳街道、王家河街道等开展以"垃圾分类 净塑自然"为主题的垃圾分类宣讲活动。活动中，社区教育志愿者们向参与活动的社区居民派发垃圾分类宣传资料 3000 余份，宣传帆布袋 500 余个。同时，在现场为社区居民讲解了垃圾进行分类的重要意义、分类类别、投放方式、回收利用及垃圾的危害等知识，并且倡导大家从自身做起，带动身边的人，主动学习和遵守生活垃圾分类标准及规范，增强居民群众对垃圾进行分类的意识。2022 年 12 月 18 日，学院在岳阳楼街道开展了"垃圾分类净家园"知识竞赛活动，岳阳楼街道 7 个社区的 50 名社区居民进入决赛，知识竞赛活动取得了良好的社会反响。

志愿者们现场指导居民垃圾分类

（四）开展"三大行动"助建垃圾分类长效机制

学院联合各街道、社区、小区开展垃圾分类"守桶""劝导""张榜"三大行动。守住"桶盖子"，学院安排志愿者们在各小区的定时定点投放点旁蹲点指导，检查居民垃圾分类投放的质量，从源头督导垃圾分类。加大宣传力度，社区教育志愿者们录制了垃圾分类三句半、垃圾分类参与感悟、垃圾分类宣传倡议等音频，并通过应急云广播进行播放，对于对垃圾分类有顾虑、嫌麻烦、怕困难的居民，耐心细致地做思想工作。志愿者们手把手地示范分类，让居民愿意分、懂得分，在思想上实现"要我分"到"我要分"的转变。志愿者们还协同社区工作人员在小区张贴"红榜"，每月对小区的住户进行评定张榜，每季度评选"垃圾分类最美楼栋""垃圾分类达人"等，提高居民垃圾分类积极性。

三、成效贡献

垃圾分类是社区治理的重要内容之一。岳阳楼区社区教育学院充分发挥自身优质教育资源，发挥社区教育助力社区治理的功能，与全区多部门协同开展形式多样的垃圾分类宣传指导工作，使全区居民逐渐养成垃圾分类的好习惯，人居环境焕然一新。总结成效有以下几点：

一是打造了一支素质高、专业化的垃圾分类志愿服务队伍。这支队伍承担了管理社区垃圾分类教育事业和垃圾分类工作的重要职能，有利于科学高效地进行社区垃圾分类宣传教育工作，是当前实现社区管理科学化、高效益的基础和前提。

二是通过党建引领，助力推动社区垃圾分类工作更加高效。学院以党建为引领，发挥党员模范先锋作用，号召全区党员担任垃圾分类宣传员、监督员、践行者，利用自身知识背景、工作优势，对硬件设施改造提升、引导源头分类习惯养成等工作建言献策。

三是举办老年人垃圾分类知识培训。通过"银龄乐学"老年课堂，学院在全区 19 个街道举办了垃圾分类知识培训活动，吸引了不少老年人参与学习，并主动加入垃圾分类志愿服务行列。针对老年居民的特点，"银龄乐学"老年课堂采取了现场授课和入户讲解的教学模式；帮助社区老年人了解垃圾分类。通过"面对面"的讲解和示范，社区老年居民能更清楚地理解垃圾分类知识，正确完成垃圾分类。

　　社区教育推动社区治理任重而道远，岳阳楼区社区教育学院在垃圾分类实践工作中将不断探索，更好地助力社区治理，助推全区营造舒适的居住环境。

"都市菜园"，让城市绿起来

——常德社区大学社区教育创新实践

一、案例背景

常德是一个农耕文化底蕴丰厚的城市，农耕文化中的许多理念在人们的生活中具有现实意义。保护、传承和利用好农耕文化对于彰显民族特色、丰富居民精神文化生活及促进社会和谐发挥着十分重要的作用。受工业化和城市化的冲击，越来越多的居民开始渴望逃离城市的喧嚣，回归"田园"生活，城市农业方兴未艾。2015年，常德被确定为全国首批16个海绵建设试点城市之一。为了在广大市民中推广和普及海绵城市理念，传承与发扬农耕文化，满足市民多样化学习需求，进一步创新社区教育体验式教学模式，常德社区大学于2016年开始实施"都市菜园"项目。

"都市菜园"项目以"绿色健康"为主题，以营造和谐社区、和谐家庭为宗旨，以体验式学习为主要方式，教居民如何科学而高效地利用方寸之地，利用闲置器具，把阳台、楼顶开辟为家庭生态菜园，让农耕活动和菜园种植成为城市人民生活中的一部分，让生态菜园成为城市环境一道崭新的风景，成为家庭幸福的加油站，成为邻里互动的载体。

二、主要做法

（一）建立校本部体验基地

2014年，常德社区大学在学校科教楼楼顶建设了占地约750平方米的"都市菜园体验基地"，开始实施"都市菜园"项目。基地分为荷香水生园、半坡甬道、青石菜畦、木箱种植架、平廊种植架、芸窗瓜檐等十多个种植区域，根据四季变换种植各种兼具养生、采食、观赏等实用性价值的生态蔬菜瓜果。每种蔬菜都贴有标语介绍其生长习性、食用功能等。每个区域根据种植需要装备有自动喷灌或滴灌系统，向体验者展示现代化种植设备和技术。基地还建有一个科普室和一间绿培教室。科普室除展示种、苗、土、肥、种植器具等实物外，还配备有教学一体机一台，播放阳台蔬菜种植方面的微课和教学视频。绿培教室用于开展家庭种植技术的课堂教学。

都市菜园体验基地

（二）基地体验与课堂教学相结合

本项目采取课堂教学与基地体验相结合的方式进行。基地建成以来，学校每学期都开设了"绿培课程"，在常德开放大学微信公众号发布体验信息和绿培班报名信息，接受微信及电话报名和预约，市民都可免费报名参加课程学习。

"绿培课程"聘请常德市农林科学研究院蔬菜研究所专家担任授课教师，每周安排面授教学和基地体验各一次。面授教学在学校绿培教室进行，主要讲授作物种类的选择、阳台防渗漏、生产容器、种植土壤、病虫害防治、自动化渗灌等生产技术方面的知识；实践体验活动在常德社区大学"都市菜园体验基地"进行，主要是对课堂所学知识进行实操演练。前来基地学习体验的社区居民多为中老年种植爱好者与中小学生，基地每年平均接待学习体验者 5000 余人次。

小学生采摘活动现场

（三）探索分级推广模式

为进一步扩大项目辐射范围，增加项目受益群体，"都市菜园"实施"社区大学—社区学习中心—居民家庭"分级推广模式，在原有校本部基地的基础上，又将项目拓展到社区和居民家庭，形成了"社区大学体验基地""社区体验基地"和"家庭示范点"三级体验场所。

1. 社区大学体验基地。利用常德社区大学科教楼楼顶已建成的都市菜园体验基地，进行市民科普教育和社区课堂教学实践活动。在体验基地设置育苗和炼苗基地，为市民体验学习提供便利条件。定时定点在社区大学校门处开展免费发放蔬菜种苗活动。

2. 社区体验基地。在常德市武陵区体育东路社区、富强社区等 20 余个社区建成社区体验基地。培训菜园项目维护和管理人员 80 余人次，指导社区居民在庭前屋后或自家阳台种植有机蔬菜，分享交流种植心得和经验，社区种植文化在一定程度上初见雏形。

3. 家庭示范点。在武陵区范围内分批招募有意向的家庭参与。体验家庭的选择采用分散和集中相结合的方式，一是在社区体验基地所辖社区选择有基础的家庭，形成规模效应，点面呼应；二是在市城区范围内多个社区选取有种植意愿的家庭代表，以便扩大宣传，打造"都市菜园"项目示范家庭及互助互动体验点。该项目已在全市 500 余个家庭中推广。

三、难点突破

（一）上下衔接，扩大服务群体

由于校本部"绿培课程"名额有限，导致部分感兴趣的社区居民无法参与课堂学习。为解决这一难题，常德社区大学积极开拓线上学习阵地，依托常德终身教育学习网，制作和引进了都市菜园系列微课，开设都市菜园网上培训专题，采用"线上视频学习、线上专家答疑、基地体验"的"互联网＋绿培课程"教学模式，实现了真实课堂和虚拟课堂的对接。都市菜园线上线下已累计培训居民 10000 余人次。

（二）创新活动，激发学习兴趣

"都市菜园"项目运行之初，存在居民学习兴趣不高、参与群体以老年人居多这一问题。常德社区大学通过定期开展基地参观、种植成果展示交流、种植技术评比竞赛等活动，提高了市民的参与热情，改善了参与群体单一问题。

（三）自编教材，规范教学内容

市面上专业的种植教材对于普通居民来说太过深奥，居民难以理解，也不适用于家庭种植。为此，项目教研团队聘请了常德市农林科学研究院蔬菜研究所专家与社区教育专家，共同编写了《都市家庭菜园种植读本》，作为课程专用教材，既简单易懂又适用于居民家庭种植，实行"六位一体"的教学模式，为学员提供全方位多场景的支持服务。

四、成效贡献

（一）掀起绿色生活热潮

"都市菜园"项目被纳入海绵城市示范点，有效推广和普及了海绵城市理念。示范点接待了多个机关、学校、幼儿园参观学习，都市菜园的经验在全市多个单位楼顶开花结果，为常德市海绵城市建设探索出了新的路径。项目还推广了绿色生活理念，在社会上掀起了一股"让城市回归自然""让生活回归田园"的热潮。目前该项目已在常德市20余个社区、500余个家庭中推广，人们在参与和体验田园生活中感受到了农耕文明，绿色、健康、和谐的生活理念也在人们的心中悄然开花。

（二）提升市民生活幸福感

社区居民在农耕活动和菜园种植的过程中，体验到了绿色、健康的生活方式。家庭菜园也正在成为主妇的菜篮子、儿童的科普乐园、上班族的减压胜地和老年人怡情健身的乐土，满足了市民多方面的学习需求，提升了市民生活幸福感与满足感。

（三）加强邻里互动，促进和谐社区建设

都市菜园社区体验基地加强了社区中的邻里互动。居民们交流种植心得，共享种植的果实，既有利于构建和谐邻里关系，也促进了和谐社区建设与社区治理。如体育东路社区体验基地，现在已经成为社区的一个共享菜园，周边居民一有空就过来浇浇水、除除虫，收了菜就挨家挨户分一点，原来很少走动的邻居，也变得熟络了起来。

（四）扩大社区教育影响力

中国文明网、常德日报、尚一网等媒体以"让都市菜园成为常德人家庭生活的一部分"等为题，先后报道了常德社区大学都市菜园体验基地的项目运行情况以及基地服务全民终身学习，特别是老年人体验式学习的主要做法。学员和体验者对项目体验的满意度较高，扩大了社区教育的影响力，提升了社区教育内涵。

五、经验启示

（一）分级推广是项目有序推进的有效手段

在全市范围内推进都市菜园项目是一项复杂、庞大的系统工程，不可能一蹴而就。项目要以各级体验基地的系统建设为依托，按照"社区大学—社区学习中心—居民家庭"的分级推广模式逐层推广。在实施过程中，要遵循循序渐进的原则，采用示范基地、示范户等分层实验、点面结合的模式，促进学院层级集中教学培训骨干、示范户相互交流形成影响，形成"培训塑造骨干—骨干带动居民—居民影响居民"的学习模式。

（二）规范制度是项目持续发展的根本保障

制度是确保项目持续发展的保证。常德开大（常德社区大学）制定了《常德电大都市菜园现场管理制度》《常德广播电视大学都市菜园考勤管理制度》《常德广播电视大学都市菜园收获管理制度》《常德广播电视大学都市菜园安全管理制度》《常德广播电视大学都市菜园水（肥、药剂、土壤、苗期）管理制度》《常德电大都市菜园绿培课堂管理制度》等一系列规章制度，并严格按照各项制度对基地运行和体验项目的实施进行精细化管理。得益于这些制度的规范执行，项目开展呈现出了勃勃生机。

（三）整合资源是项目实施的重要基础

资源是确保项目成功的基础。一是对师资进行了整合。学校聘请了来自常德市农科院、汉寿县农科院、常德职业技术学院等单位的专业人士组成专家团队，担任基地技术顾问和绿培班课程教师，加强了师资队伍建设。二是阵地的整合与拓展。学校将各社区、中小学、幼儿园原有的菜地吸纳进都市菜园体验基地的三级体系，统一进行培训和指导，对资源进行了整合与提质，扩大了体验基地的规模和覆盖面。三是资金的整合。利用常德海绵城市试点契机，争取政府支持，将政府支持和学校自筹经费进行整合，确保了项目实施的财力基础。

133

六、后续举措

（一）丰富项目内涵

常德社区大学发挥其教学和科研方面的优势，就项目的安全与适应性、教学支持服务、运作推广模式等方面进行理论和实践探索，并取得了初步效果。常德社区大学将在原有基础上，以项目的形式在全市范围内开展理论探讨和实践探索，并对项目单位给予一定的经费扶持。同时，项目将以课题研究作为引领，推进体验基地的标准化建设以及教学课程的标准化建设。社区大学将组织各分支基地负责人参加培训，各级基地按照统一的管理制度进行管理；制定统一的课程教学大纲，使用统一的课程教材，组织课程辅导教师开展培训等工作。在标准化的基地及课程建设的基础上，更大范围地推广课程教学和基地体验模式，定期开展基地参观、种植成果展示交流、种植技术评比竞赛等活动，提高市民的参与热情，促进各级体验基地的系统建设和"都市菜园"项目的全面推广。学校还计划与城郊两个农家乐合作打造生态餐桌体验基地，探索"生态教室—生态阳台—生态餐桌"的全程体验模式，进一步丰富项目的内涵和形式。

（二）扩大项目覆盖面

学校将进一步实施"社区大学—社区学习中心—居民家庭"的分级推广模式，以点带面、层层推进，逐步推广普及，预计再用3—5年时间，将项目覆盖到全市大部分社区学院和一部分街道、社区、学校和居民家庭，让都市菜园深入千家万户，成为社区互动交流的载体、家庭幸福生活的乐土、城市科普知识的教室、生态文明发展的示范、海绵城市建设的亮点。学校还将通过项目的示范引领，推动常德市老年教育体验式学习的创新发展，提高广大市民的幸福指数和生活质量，努力满足人民对美好生活的向往。

艾上扫除振兴乡村

——益阳艾华集团"艾上扫除"文化品牌建设探索

一、案例背景

艾华集团是湖南绿色制造工厂代表，有国内领先的铝电解电容器绿色生产示范线，行业排名中国第一、世界前四。集团创新性地提出了以"中国传统文化"为内核，以"精益管理"为工具的企业管理模式，形成独特的"艾上扫除"文化。从家庭扫除、工作扫除，再到企业管理，并以管理十二条为基础，达成安全、环境、品质、效率、成本、家庭六大评价成果，最终实现全员参与、自主管理、全方位改善，创建可持续发展的生活之道、工作之道与经营之道。在深入研究扫除文化与乡村振兴的过程中，集团形成了以乡村振兴为抓手，全面推进艾上扫除，帮助农村搭建发展平台，巩固脱贫成果，筑牢防守返贫底线的模式，围绕"理思路、划重点、巧布局、谋发展"，聚焦农村实际，整合分散资源，发展多元化产业，彻底焕发农村经济活力，助力大美乡村建设。

二、主要做法

转变观念是乡村振兴的重中之重。艾立华组织村民召开屋场会，开展人员教育，转变村民的观念；邀请乡村志愿者参观艾华集团，真切感受"艾上扫除"文化的魅力，体验环境改变人、人改变环境的真实案例；对各乡村志愿者进行培训，培训内容包含"艾上扫除"与农村建设十二条、"艾上扫除"与幸福家庭八好等，让乡村志愿者领略扫除之美。在如何进行乡村振兴方面，"艾上扫除"更多地思考研究建立可复制产业模式并突出村干部的标杆作用。具体做法如下：

135

（一）对接乡镇，摸底调研

了解当地布局、生态现状以及风俗习惯，广泛听取驻村干部的做法与乡村振兴工作中着重突出的问题，摸底当地农户情况，明确已整理、未整理农户，制作村户地图，将"保护环境，人人有责"落实到户，初步达到了"串点成线、连线成面"的预期效果。

艾华集团赠予竹田村扫除工具

（二）屋场会议，转变观念

一是引导农民，共建共治。坚持农民群众主体地位，按照"自愿、自主、自治"原则，完善农民参与引导机制，激发内生动力，营造美丽乡村共建、共治、共享的良好氛围。

二是规范条例，指明方向。"艾上扫除"文化品牌在推广的过程中，逐步形成了艾上扫除与新农村建设十二条。其内容包含营造和谐的人与人的关系；提升团结协作的团队精神；打造不赌博、不酗酒、不乱丢垃圾、少抽烟、多劳动。想致富的积极向上的氛围；理顺经济发展思路，提高农业生产效率；等等。新农村建设的十二条，为农业农村发展指明了方向。

（三）志愿服务，推行扫除

一是实地参观，体验文化。邀请乡村志愿者参观艾华集团真切感受"艾上扫除"文化的魅力，如参观无尘车间、星级食堂、星级公寓、学苑展馆等，体验环境改变人、人改变环境。

二是定期培训，宣导理念。对志愿者定期培训新农村建设十二条，明确落实艾上扫除与幸福家庭"八好理念"，即"农具摆好、被子叠好、鸡鸭圈好、院子整好、道路扫好、厕所管好、厨房清好、垃圾规好"。

艾立华给乡村干部培训艾上扫除与新农村建设十二条

三是榜样引领，促进交流。志愿者团队以小组为单位，对口负责相应区域的扫除工作。而后，又通过评选优秀扫除小组，张榜公示，给予小组表扬和激励。优秀扫除小组，开展分享会，分享扫除心得，及时与各小组交流与沟通。艾上扫除以志愿者先行在各村全面铺开，为乡村振兴注入活力。

（四）兴企创收，筑牢品牌

一是立足农村实际，优化营商环境。积极引进优强企业进村入组，促进生产要素流动，加大对农民的业务知识和能力培训，提高新时代农民知识和技术水平。

二是加大农业产业政策扶持和资金扶持力度。激发农村发展的内在动力，切实用产业发展来稳定和巩固脱贫攻坚成果。发展村部集体经济，从源头解决农村经济发展动力不足问题。发挥农民的主体作用，着眼于发展农村实体经济，着力于解决好"钱、人、地"三个关键环节，形成规模种植和产业聚集，打造规模、质量、品牌的综合竞争优势，实现农村绿色发展、生态发展、健康发展，朝着"农业强、农村美、农民富"的美好愿景迈进。

三是调整集体经济股权分配。通过集体经济分配 20% 利润给村干部，解决村干部低收入问题，提高工作干劲。同时，村干部入股集体经济，参与集体经济股权分配，实现和农户有利同增。

三、成效贡献

现今，艾上扫除将引领企业文化方面的经验与乡村振兴相结合，为建设文明乡村、美丽乡村注入了新的活力。

（一）扩大社会影响，形成"绿色"品牌

艾华集团将"艾上扫除"文化创新理念引入实践中，引导村民清洁环境、转变观念，扫除思想"尘埃"，提升审美意识，在扎实推进乡村振兴工作的同时，不断谱写"山乡巨变"新篇章，引发了一系列社会效应。"艾上扫除"已推广至服务业、食品药品业、医院、餐饮等领域，2020—2021 年连续两年艾华集团联合益阳市市场监督管理局举行了"益阳质量标杆企业经验交流会暨艾华集团艾上扫除质量管理模式研讨会"，并邀请了益阳市各级管理部门及 300 多家企业、1000 余人分享交流艾华质量管理工作经验，促进行业共同进步。目前已覆盖了 1 个社区（佳宁娜广场及公共厕所），2 个学校（紫竹小学和樊家庙学校），300 多个企业（公司内部工厂 10 家，供应链 76 家，益阳本地企业 38 家，省内 130 家，省外 50 多家），此外还覆盖 3000 多个家庭，招募了 5000 多名艾上扫除志愿者，参加品牌培训已超过 2 万人次。

第二届艾上扫除全国年度盛典开幕仪式

（二）带动村民致富，发展特色农业

为了真正有效带动乡村建设，艾华集团以"资金扶持＋产业发展＋艾上扫除美化环境"的方式，成立了湖南省首个乡村振兴慈善信托——"长安慈·农银壹私行恒·沁艾立华乡村振兴慈善信托"，此慈善信托的200万元基金就是用于传承"艾上扫除"文化，帮助搭建"造血"之路，共建美丽家园。

为了让老百姓增加收入，集团每年都开展产业资助，如对桃江大华村捐助30万元、资阳区复兴村15万元、赫山区道子坪村40万元，在大通湖区帮助村民销售4.305万斤大米、安化县冷市镇销售黄精药材4.8万元，资助沙头镇富兴村人居环境改善10万元、资阳区张家塞乡富民村21万元、赫山区龙光桥街道办事处20万元、新市渡镇自搭桥3万元、赫山区大坝塘村6.8万元、竹田村20万元等。遵循乡村发展规律，帮扶各村特色产业发展，统筹考虑主导产业、人居环境、文化传承、生态保护等因素，已帮带12个重点扶持村发展卜豆角、菜心子等农产品种植以及乡村旅游等特色产业，为乡村振兴注入强大活力。通过帮扶行动，2021年富民村集体经济收入高达30多万元，经环境整治改造后成为资阳区示范村、"网红村"。

行"一长四员""八步分类",创绿色银东

——益阳社区大学银东社区学习中心实践经验

一、案例背景

益阳市赫山街道银东社区成立于 2013 年,是湖南省最大的纯保障性住房社区,下辖惠民小区、十洲路小区,现有住房 69 栋,居民 3635 户、11000 余人,其中 60 周岁以上老人 1537 人(60 至 65 周岁 694 人,66 至 79 周岁 616 人,80 周岁及以上 227 人),孤寡三无人员 3 人,特困老人 15 人,空巢老人 30 户,分 8 个网格进行管理。

垃圾分类工作是一件久抓乏力的难事,对于人员组成特殊的银东社区来说更是难上加难,需要绵绵用力、久久为功。新时代提出新要求,新形势催生新使命。2019 年 6 月,银东社区成功获评"益阳市垃圾分类重点示范社区",这既是一项荣誉,更是一种责任。一直以来,银东社区从实际出发,本着"攻克难题、突出重点、打造亮点"的十二字方针,不断完善全程分类体系,提升源头分类质量,持续夯实基础、补齐短板,致力引导居民保持良好分类习惯,助力形成一种文明新风尚,建立健全常态长效机制,走出一条具有银东特色的垃圾分类之路。

二、主要做法

为引导居民将垃圾分类化为"新时尚",银东社区学习中心组织成立了以社区党支部书记为组长,社区两委为组员的组织体系,组织内部强化责任分工,按网格化管理模式,定时开展垃圾分类评估分析会,积极探索创新工作方法;首创了"八步工作法",通过营造氛围,遴选、培训志愿者,入户宣传,发放编号垃

坂袋等八步流程提高居民参与度，形成"一长四员"联动上岗模式。

一是氛围营造。社区开展多渠道宣传垃圾分类工作，通过网格微信群、电子显示屏、横幅、主题活动等加强宣传，共计发放宣传资料3780余份、开展活动10余场，在社区范围内营造出浓厚氛围。

二是遴选、培训志愿者。垃圾分类的主要参与者是志愿者和居民群众，为了更好的开展工作，社区通过自荐和推荐的方式产生300余名志愿者，同时邀请专业人员来社区为志愿者开展培训，提高了志愿者的业务能力。

三是入户宣传。社区联合市委党校、市烟草专卖局，开展党员进社区活动，化身志愿者入栋进户发放宣传资料；社区工作人员牺牲休息时间，在晚上也进行入户宣传，提高了居民群众知晓率。

四是发放垃圾袋。组织楼栋长、志愿者为分类垃圾袋编号，实现垃圾投放可溯源。通过上门发放、留纸条自领垃圾袋，提高居民参与度。

五是安装分类设备。在选址过程中听取居民意见和建议，确保设备位置科学、合理，不影响居民正常生产生活，也方便垃圾的清运。共安装37套分类垃圾桶，针对老年居民和没有智能手机的居民，社区向厂家定制智能IC卡2000张并发放到位。

六是两部门处理垃圾。社区对接区环卫和大丰资源，对居民垃圾进行分类处理。干、湿垃圾由环卫进行分类收集，可回收、有害垃圾由大丰资源进行无害化处理，避免出现二次污染。

七是居民评分公示栏。社区制作69个居民评分公示栏，由垃圾分类指导员对居民投放情况进行评分，并进行公示。

八是形成三条长效机制。"一长四员"联动上岗，六名党小组长负责13套设备；社区工作人员认领13套垃圾桶，负责分类垃圾桶的日常管理工作；每台垃圾桶配备一名指导员，对居民投放进行指导，督促居民正确投放，并对居民投放情况统计打分；清洁员每天对垃圾桶进行清洁，确保垃圾桶内干净、无异味；清运员每天两次收运干、湿垃圾，保证桶内干净，不影响居民正常生活。积分兑换物资，由大丰资源对智能垃圾桶内可回收和有害垃圾进行分类回收清运，并由大丰资源提供礼品。居民通过识别智能垃圾桶上的二维码投放可回收和有害垃圾，并获得相应积分，积分可在礼品兑换机上兑换相应的物资。爱心超市激励机制，垃圾分类指导员根据可溯源分类垃圾袋对投放家庭进行投放情况统计，同时对投放正确的居民户进行登记，每月投放正确率达标的家庭可获得社区慈善爱心超市提供的生活用品。

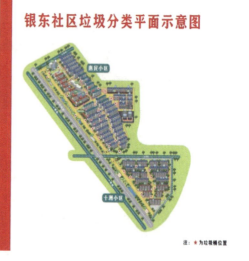

银东社区垃圾分类组织架构和社区网格平面图

银东社区学习中心以主题志愿服务活动为抓手，联动市委党校、市烟草专卖局等单位人员力量，挨家挨户向居民群众讲解垃圾分类知识和日常生活中的垃圾分类方式，既拉近了干群距离，又让垃圾分类新风由外界吹入居民家中。让居民来关注"门前雪"之外的"大环境"，把"麻烦事"变"分内事"。针对银东社区老年人居多的实际情况，组织志愿者上门辅导分类，依托社区"四点半"学校，组织开展多期未成年人活动、亲子活动，以老人孩子为切入点，带动全家人垃圾分类的积极性，"抓两头、促中间"的工作模式活力无限。社区学习中心还通过遴选和培训，选出300余名志愿者组建了一支垃圾分类志愿者队伍。网格员每日开展日常巡查，直接对接督导员，对其所负责的区域存在的问题进行现场查看，能自己马上处理的及时解决，不能处理的联系相关人员协调解决，做到点对点、人对人，以便顺利开展垃圾分类的各项工作。

银东社区学习中心志愿者入户宣传垃圾分类知识

三、成效贡献

在垃圾分类工作试点中，银东社区建立了"一长四员"服务管理、四类垃圾分类投放等常态机制，形成具有银东特色的"垃圾分类八步法"，使垃圾分类工

银东社区智能分类垃圾桶

作深入民心，切实提高了社区生活垃圾减量化、资源化、无害化水平，社区居民的环保意识大幅提升。2022年银东社区荣获市级垃圾分类示范社区，中国网、《益阳日报》等主流媒体多次对社区垃圾分类活动进行专题报道。

四、经验启示

（一）垃圾分类，党员先行

自银东社区生活垃圾分类工作开展以来，社区党员干部、工作人员们纷纷响应，亮出好做法、好经验，当先锋，做表率，成为垃圾分类新时尚中的学习者、宣传者、引领者、践行者，共同推动垃圾分类工作的开展。

（二）垃圾分类从少年抓起

在学生暑假期间通过文化宣传，如垃圾分类趣味课堂、小小志愿者等活动，提高孩子们对于垃圾分类的认识，让他们了解做好生活垃圾分类的意义和标准。通过"小手牵大手"带动社区家庭广泛参与，形成"教育一个孩子，影响一个家庭，带动一个社区"的良好氛围，有效提高了社区生活垃圾分类实效。

（三）压实责任，健全制度保障

通过成立工作小组，厘清岗位职责，落实责任到人，健全垃圾分类工作的监督考核制度。巡查人员实行流动式、全方位的监督检查，现场接受投诉，现场处理问题。片区责任人结合实际，对重点范围和重点区域加强日常巡查，做好一巡多查。

五、后续举措

（一）推进垃圾分类工作体系建设

引进有资质的公司建立完善的生活垃圾分类收集运输及末端处理体系，有效衔接分类投放端和分类处理端。统筹规划布局中转站点，提高分类收集转运效率，加大对运输环节的监管力度，防止生活垃圾"先分后混""混装混运"末端处理不规范等情况。

（二）继续加大宣传引导力度

继续深入开展形式多样的宣传教育活动，在机关内部营造良好的垃圾分类投放氛围，同时扩大宣传范围，在机关院内醒目的位置张贴有关垃圾分类投放知识海报，引导办事人员共同遵守垃圾分类规定。

（三）强化监督管理

在容器标识、颜色、宣传氛围布置等方面进行查漏补缺，针对少数职工参与垃圾分类的主动性不足、分类投放质量较差的情况，及时进行检查通报。

植"绿"社区教育　助力乡村振兴

——资兴市社区学院工作纪实

一、案例背景

资兴市社区学院于 2015 年在资兴市职业教育中心挂牌成立，职业教育和技能培训一直是学院开展社区教育的坚实基础和特色资源。近几年，学院围绕资兴市乡村振兴进行规划部署，制订了《资兴市社区学院赋能乡村振兴工作计划》，把职业技能培训、农村实用技术培训、智力扶贫、技术扶贫、产业扶贫与乡村振兴紧密结合起来，围绕农村人才培养目标，着力打造"一户一产业工人"培养工程的"升级版"服务乡村振兴，以社区教育的强大覆盖力助力实施农业技术后备人才培养，推动乡村振兴发展，探索出了一条具有资兴特色的"绿色"社区教育发展路径。

二、主要做法

（一）立足地方发展，满足农业升级需求

资兴市社区学院始终坚持结合资兴本地社会经济发展状况，因地制宜、因势利导开展社区教育活动。资兴市出台《资兴市实施乡村振兴战略现代农业产业发展规划（2018—2025 年）》《资兴市产业振兴工作实施方案》《资兴市东江湖流域渔业产业发展规划》后，学院一是主动将社区教育培训重点转向服务乡村振兴，实行的"统一组织协调、统一培训基地、统一培训计划、统一劳务信息、统一资金管理、统一考核考评"的培训工作机制得到政府的认可。二是推动市委市政府将学院开展的人才培养和职业技能培训纳入区域经济社会发展的总体规划中去，从农业产业升级出发开发培训项目，以政府买单的方式，鼓励农民以各自的

专长和兴趣参与实用技术、创新创业、职业技能等方面的社区教育活动。

（二）对接乡村产业，助推农业产业发展

学院充分发挥实用技术和职业技能培训主阵地的功能，坚持"群众需要什么，就培训什么；市场需要什么，就培训什么"的原则，助推资兴市主导产业和特色产业发展，致力农业产业增收。

一是围绕东江蜜橘、狗脑贡茶、东江梨、生姜等当地特色农产品产业，实行"保姆式"或"大师傅带小师傅"培训，提供全过程的技术技能指导服务，推进农业产业高品质发展。

资兴市"一户一产业工人"培养工程瑶绣技能提升培训班

二是对接市 5A 级景区东江湖旅游发展需要，以学院省级示范性特色专业群建设为载体，深耕旅游服务与管理专业，发挥专业人才的示范引领作用，帮助景区周边农民学习旅游服务相关政策法规和职业技能，引领资兴旅游行业创新升级。

三是根据市场需求和职工、农民培训意愿，到乡村举办"直播带货"专题培训班，通过抖音、快手等平台，以直播带货的方式销售蜜橘、黄桃、蜂蜜、东江

梨等特色农产品，解决农产品销售问题。

四是组织乡镇街道农技站长、合作社理事长、各个家庭农场主以及农业生产托管服务组织代表，开展"农民合作社质量提升"培训班，规范农村合作社财物管理与会计核算实务，提升资兴市农村合作社发展质量。

（三）搭建服务平台，助力新农民培训

学院有效运用社区教育平台资源，拓宽服务渠道，发挥社区教育辐射乡村的功能，实现农民需求与技术服务的全面对接。

一是搭建线下学习平台。在州门司镇、八面山瑶族乡等乡镇建立了8所乡镇社区学校和14所乡镇、社区老年学校，系统地面向农村社区开展宣讲、咨询和培训服务工作，组织农村村民参加学习培训活动，成为各乡镇农民开展学习和技能培训的主要基地。

二是搭建线上服务平台。在新冠疫情防控期间，学院聚焦线上学习服务，通过创建"郴州帮"微信公众号、在资兴有线电视"蜗牛"网络上开辟培养工程培训专栏等方式，根据村民在产业发展中对实用技能和管理技术的需求，推送农作物栽培和畜禽养殖技术，介绍新兴产业致富案例，使农民边看边学边做，指导农民朋友创新创业。

三是搭建学习服务大平台。协调相关部门、乡镇、社区、村落，在图书馆、科技馆、文化馆、博物馆和体育馆等公共场馆开展"学习开放日""主题活动日""专题讲座"等活动；深入农村基层综合性文化服务中心、农家书屋、农技推广站等机构，组织文化艺术或学习体验活动，吸引农民朋友参与社区教育活动。

四是搭建校企合作培训平台，对接乡村振兴人才的需求，实行深度的产教融合和校企合作。学院引入行业和企业参与人才培养全过程，着力培养特色农业、旅游、烹饪、电商、经营管理人才。

（四）强化资源建设，服务地方乡村振兴

一是依托东江库区管理局、市农业局、市畜牧水产服务中心等部门，录制《桃树春季保花保果技术》《柑橘春季保花保果技术》《柑橘春季病虫害防治技术》

《东江梨疏果套袋技术》《东江鱼养殖及鱼病防治技术》《老龄柑橘树修剪技术》等短视频，并在"郴州帮"微信公众号直播平台和资兴有线电视播放。据统计，在2022年，短视频总浏览量超过4万人次，其中最多的达8203人次，最少的也有4486人次。

二是组织编印《三文鱼烹饪技术》《资兴特色土菜厨艺》等乡土教材发放给农家乐、民宿、饭店等经营者，帮助其提高烹饪技法，服务郴州市乡村旅游发展。

乡土教材

三、成效贡献

资兴社区学院在社区教育助力乡村人才培养、智力扶贫、产业扶贫、职业技能培训等方面进行了大胆探索，实现了"富脑袋"和"富口袋"的有机统一，促进了"产业振兴"和"人才振兴"协调并进，取得了"增收致富"的惠民效果。

一是为乡村产业提供了技术和人才支撑。学院精准发力，纵深推进，紧扣产业转型升级做"强"，紧贴技能树人做"优"，紧跟创新创业做"特"，推进"一户一产业工人"培养工程对接产业、服务产业、提升产业，增加产业的吸引力、竞争力和影响力，着力培养了一批热爱家乡、有技术、有担当、有思想的投身乡村振兴事业的新一代农村青年。截至 2022 年 12 月，全市已有 84469 人（次）参加学院组织的各类技能培训，其中职业技能培训（获得鉴定证书）37862 人，实用技术培训 46607 人（次），农村家庭参训率达 80%。技能型劳动力由过去不足 10% 上升到 42%，培养了一批自主创业、带领群众致富的实用型人才和乡村干部。其中培养致富带头人 242 人，支村两委干部 578 人，村级后备干部 71 人，较好地为乡村振兴提供了技能拓展和人才支撑。

二是有效促进了农村劳动力就业和创收。目前，学院已举办各类实用技术及计算机、旅游从业人员、特色厨师、竹木根雕、家政服务培训班 1600 期，培训 8.1 万人次，实现新增就业 3.2 万人，带动 3.8 万个家庭增收致富。市 5A 级东江湖旅游景区中 80% 以上的旅游从业人员是学院培训或毕业的学员、学生；已培训的 1300 名月嫂中有 243 名高级月嫂，通过家政公司实现了有组织、有计划地对外输送，"资兴月嫂"已叫响广东深圳、上海、浙江义乌等地，月收入达到了 1.2—1.6 万元，年创收达到了 1500 万元以上；已培训的 1200 多名农民砌筑工通过建筑理论和实操实训的培训，成为了懂理论、会动手、善经营的能工巧匠，活跃在新农村建设、乡镇建筑市场。"资兴技工"和"资兴月嫂"成为了资兴人民开展终身学习的旗帜。

三是培育了特色农产品品牌。通过引入企业深耕创新创业培训，有意识地引导乡村产业走品牌化道路，加快农业品牌化升级，为构建市乡村产业品牌体系作出贡献。目前资兴市已创建中国驰名商标、湖南省著名商标等农业品牌 30 余个，"三品一标"认证农产品达到 21 个，"东江鱼"获国家地理标志保护产品，"东江湖蜜橘"获农业部农产品地理标志和全国名优果品区域公用品牌称号，良美鲟龙公司、东江湖果业公司等 11 家企业的 12 个农产品生产基地成为直供粤港澳大湾区绿色食材基地。

四是形成了社区教育的品牌效应。通过搭建服务乡村振兴的社区教育大平台，众多的农民群体尝到了终身学习的甜头，参与社区教育活动蔚然成风。仅 2022

年，通过学院完成种植栽培、畜禽养殖和生态防控培训技术的学员就达 2 万人次以上。"郴州帮"微信公众号每年上线浏览直播课件的达 2 万人次；"蜗牛"网络培训专栏上直接受益的农户达 3000 多户。资兴市社区学院打造的"一户一产业工人"培养工程是湖南省和全国"终身学习品牌"之一，入选"湖南省基层改革探索 100 例"，资兴市获评"全省美丽乡村建设（农村人居环境整治）先进县市区""实施乡村振兴战略先进县市区""湖南省创新创业带动就业示范市""推动精准扶贫与现代教育相结合创新（特色）项目奖"等多项奖励和荣誉称号。

社区教育赋能乡村文旅振兴

——永州社区大学双牌社区学院的探索与实践

一、案例背景

习近平总书记在党的十九大报告中提出实施乡村振兴战略，在党的二十大报告中提出全面推进乡村振兴。从"实施"到"全面推进"，乡村振兴已成为我国构建新发展格局、推动高质量发展的重要组成部分。而乡村振兴的根本在于人及人的现代化，在于农民主体的生产生活理念和方式的转变，在于职业技能和文明素质的提升。因此教育在乡村振兴中发挥着基础性、先导性作用。社区教育面向社区居民，是以促进人的发展和社区发展为目的的教育活动，加之其具有大众性、地域性、服务性等特征，因此扎实推进、巩固拓展教育脱贫攻坚成果，同乡村振兴有效衔接，以"振兴乡村教育"赋能"乡村振兴"，是社区教育的职责和使命。

近年来，永州社区大学双牌社区学院在永州开放大学、双牌县委县政府的关心指导下，紧扣乡村振兴工作的目标要求，结合当地旅游资源优势及文化产业特色，多举措多形式将社区教育向乡村延伸，助力乡村振兴战略全面推进。

二、主要做法

（一）聚焦乡村文化，积极开展文化会演活动

乡村文化振兴是乡村振兴的铸魂工程。为进一步推进乡村文化建设，丰富农村文化生活，向广大村民提供精神文化食粮，树立文明乡风，2019 年，双牌社区学院积极与当地政府合力搭建文化惠民平台，持续开展了多次"免费送戏下乡"活动，成功承办了阳明山"杜鹃之恋"音乐会、永水拖蓝中秋演出、国庆喜迎二十大"旗魅江山，只此青绿"等 13 场专题文艺晚会，共 3 万人次参与，群

众满意度达 95% 以上。成立"双牌县魅力旗袍协会"等学习团队助力永州"中国农民丰收节"、双牌县"首届油菜花节"等乡村主题活动，把优质的文化产品送到了基层百姓家门口。

阳明山"杜鹃之恋"音乐会

（二）聚焦乡村旅游，积极参加当地文化旅游节活动

近年来，双牌县坚持"打造一双王牌、做足两篇文章，努力建设最精最美双牌"发展目标，以全域旅游推动乡村振兴。2021 年，湖南省（春季）乡村文化旅游节暨湖南·阳明山第十三届"和"文化节在双牌县潇水河畔的花千谷景区举行。双牌社区学院带领学员团队积极参加，丰富多样的文艺表演、汉服巡游、旗袍走秀等活动，让不同年龄、不同行业、不同层次的游客市民在饱览双牌山水美景和人文风情的同时，感受到双牌社区教育的魅力。

除此之外，双牌社区学院不定期组织教师学员到当地的核心景区阳明山以及桐子坳、花千谷、国际慢城、云台山等四个景区，累计为近 15000 人次的游客送去社区教育服务。学员们还通过拍摄文艺作品视频，利用新媒体、自媒体开展双牌旅游品牌宣传推广，助力双牌特色旅游和文化发展。

双牌社区学院魅力旗袍协会阳明山旗袍秀

双牌县魅力旗袍协会为桐子坳粉黛乱子草做旅游宣传

（三）聚焦乡村阅读，为乡村振兴增添精神动力

文化自信是一个国家、一个民族发展中更基本、更深沉、更持久的力量。乡村文化是中国文化的根基。新时代推进全民阅读，乡村不能缺位，农民更不能缺席。近年来，双牌社区学院诗词班的学员在学校专业教师的指导下深入挖掘双牌之美、阳明山之美，创造出许多原创诗词作品，并装订成册，旨在用更多更好的原创作品，助推双牌全域旅游高质量发展。2022年，由永州市文学艺术界联合会、政协双牌县委员会联合主办的"欢聚阳明·'和'动我心"秋季读诗会暨首届中国（永州）山水散文节阳明山文学笔会活动在阳明山小黄溪广场举行。学院积极组织诗词班、旗袍班的学员参加此次活动，通过声情并茂的诗词朗诵、意蕴无穷

的旗袍秀，多角度、多层次展示了阳明山的历史文化、风土人情。截至 2023 年 2 月，学院累计在双牌县各乡村旅游景点开展各类读书文化沙龙 29 场，服务群众近 2 万人次，群众参与率和满意度达到 90% 以上。

三、成效贡献

（一）推动了当地乡村文化的振兴

文化的产业振兴是乡村文化振兴的主要内容之一，乡村振兴只有以文化振兴为抓手，才能真正激发振兴的动力。自 2019 年起，双牌社区学院在双牌县 10 多个行政村共举办了 50 多场送戏演出，平均每个行政村一年 2 场，极大地丰富了乡村的文化供给，达到了群众多看戏、看好戏的目的。既给当地村民提供了展示的舞台，又有效满足了当地村民精神文化需求，激发了基层文化活力。

（二）助推了当地乡村旅游的振兴

乡村旅游是乡村振兴的重要组成部分，也是实现乡村振兴的主要动力和保障。双牌社区学院自 2019 年成立以来，依托当地丰富的旅游资源，积极组织学校的教师和学员在新媒体、自媒体上传了上千条关于当地景区的短视频，充分利用微网络新媒体强化宣传造势，扩大游客市场，丰富多彩地向全国网友展现出双牌县生态和谐、风光和美、人文和融、生活和顺的景象。2021 年"五一"小长假，双牌县共接待游客 26.88 万人次，实现旅游综合收入 17472.5 万元。2022 年"十一"长假，双牌县共接待游客 38.37 万人次，实现旅游综合收入 36477.45 万元，同比增长 20.64% 和 18.82%，双牌美景持续在抖音、朋友圈热评不断。

垃圾分一分，生活美十分
——娄底市点爱社会工作服务中心"垃圾分类"发展模式探析

一、案例背景

习近平总书记在党的二十大报告中强调："大自然是人类赖以生存发展的基本条件。尊重自然、顺应自然、保护自然，是全面建设社会主义现代化国家的内在要求。必须牢固树立和践行绿水青山就是金山银山的理念，站在人与自然和谐共生的高度谋划发展。"为深入贯彻党的二十大精神，坚持以习近平生态文明思想为指导，牢固树立和践行"绿水青山就是金山银山"的理念，推进美丽中国、美丽湖南建设，同时为进一步创新社区教育体验式教学模式，娄底市点爱社区学习中心在娄底开放大学（娄底市社区大学）的带领下于2022年开始实施"垃圾分类"项目。该项目以"垃圾分类"为主题，统一组织志愿服务队开展培训，志愿服务队培训后以"授课＋实践"的方式进社区、进学校、进家庭指导开展志愿活动。培育"绿色"讲师团、"环保小卫士"宣讲员入驻生活垃圾分类示范社区、示范小区、绿色校园开展知识宣讲，实现"教育一个孩子，影响一个家庭，带动一个社区，推动整个社会"的目标。

二、主要做法

（一）开设"10+N"生活垃圾分类课程体系

随着城市化进程的加速，生活垃圾产生量逐年增加，如何有效地处理和利用垃圾成为摆在老百姓面前的一道难题。习近平总书记提出了构建生态文明的目标，其中，生态文明保护是一个重要方面，而垃圾分类则是实现生态文明保护的必经之路。为此，学习中心特别设计了10门生活垃圾分类课程，为现代市民带来一种更健康、环保的生活方式。

　　课程内容包含有：垃圾分类培训课程、厨余垃圾堆肥培训、瓜果蔬皮酵素制作、社区菜篮子减塑行动、废物新生、零废弃生活等。在"菜篮子减塑行动"中免费发放可重复使用的菜篮子，呼吁用菜篮子代替塑料袋，倡导垃圾减量，助力减塑行动。志愿者向排队的市民一一确认姓名、住址、电话，现场签署"'提起菜篮子'减塑行动承诺书"可免费领菜篮子。同时建立起线上打卡积分奖励制度，每日对菜篮子使用情况在群内打卡，由专人进行登记，助力减塑落实到位。

"10+N"生活垃圾分类课程

（二）开展"垃圾分类进社区"集中行动

　　动员广大市民参与垃圾分类志愿服务活动，组建不少于3支"垃圾分类"志愿服务队，定期从"10+N"课程体系中选择一些当期合适开展的志愿服务项目，指导5个生活垃圾分类示范社区、青春行动示范社区开展相关活动。志愿者们通过宣传、引导等方式，帮助居民了解垃圾分类的重要性，提高居民的环保意识和责任心。

垃圾分类志愿者进社区

（三）培养环保讲师团百人计划

以"传播环保教育理念，养成良好生活习惯"为目标，广泛发动不同领域的市民，特别是青年群体，组建百名环保讲师团，围绕中心课程面向学校、社区、家庭等，普及垃圾分类环保知识。培训方式有以下几种：

一是集中开展培训活动。邀请优秀志愿者典型做专场报告、讲座，通过视频教学的形式，诠释环保志愿者的意义和工作要求。

二是实践培训。通过去社区开展各种公益实践活动，提高志愿者技能，培养团队精神，营造志愿服务氛围。

三是测试评估。通过对志愿者素质的评估，对培训进行简单测试，评估培训效果，进行反馈总结，确保达到培训预期目标。

（四）培育"环保小卫士"宣讲员行动计划

面对中小学校，社区招募团员青年、少先队员担任"环保小卫士"宣讲员。结合中小学生思维特点，开设丰富多彩的课程，设计趣味多样的活动，培育和引导"环保小卫士"宣讲员宣讲垃圾分类知识、进行桶边指导实践，形成一个"环保小卫士"宣讲员带动一个班级、一个家庭的良好氛围。

"环保小卫士"宣讲员活动

（五）开展"我是光盘侠、打卡 10 万 +"行动

以 10 月 16 日世界粮食日为契机，开展"做节约粮食践行者"主题活动，发挥新媒体矩阵作用，积极引导动员市民参与主题活动。以社区幼儿园为切入口，培养孩子爱惜粮食、勤俭节约的良好品质，养成不剩饭菜、不挑食的好习惯，开展"我是光盘侠——光盘行动从我做起"主题系列活动。从幼儿的在园生活及家庭生活入手，引导幼儿从自身做起，珍惜粮食，避免剩餐，做节约粮食的小小宣传员，鼓励家庭成员一起参与光盘行动，完成光盘打卡"10 万 +"、光盘接力挑战等任务，自觉养成勤俭节约、珍惜粮食的绿色低碳生活习惯。

三、难点突破

（一）宣传教育，破解"如何分"的难题

联合志愿服务队、"环保小卫士"组成分类宣传志愿小组，携带垃圾分类宣传资料，在社区开展垃圾分类入户宣传活动。主要针对部分餐饮商铺及家庭对于厨余垃圾、其他垃圾的分类不明确，大量的厨余垃圾得不到正确分类，影

响分类清运等问题进行宣讲。志愿小组深入社区进行了详细的讲解和宣传，旨在提高居民垃圾分类的知晓率、分类意识和参与率，为社区垃圾分类工作掀起新高潮。宣传活动共走访 100 余家商铺，发放宣传资料上万份，宣传范围涵盖各社区，进一步加深了群众对垃圾分类的认识，引导商铺及居民正确进行垃圾分类投放。

（二）褒先促后，破解"可持续"的难题

探索符合活动实际的垃圾分类管理制度，将垃圾分类纳入参与到活动中的家庭考评体系，以"工分制"的形式，按家庭实行一户一账，依据实际情况加扣分，定期对积分值予以公示，并接受监督。专门制定垃圾分类奖罚制度，每月不定期开展垃圾分类检查，对垃圾分类正确的优秀家庭予以奖励，对分类不正确的家庭以跟随评比小组参与实地检查的模式予以"惩罚"，达到"先进带后进"的目的。

四、成效贡献

（一）提高社区居民低碳减塑环保理念

环保不是空洞的说教，而是具体的实践。通过进社区开展厨余垃圾堆肥培训、瓜果蔬皮酵素制作、社区菜篮子减塑行动等活动践行环保理念、培养良好习惯，真正将居民的源头分类投放责任落到实处，让更多居民亲力亲为参与垃圾分类，将分类的意识转化为自觉的行动，才能真正提升社区文明水平，形成低碳减塑环保的长效机制。截至目前，共在 6 个社区开展了 30 多场垃圾分类相关行动，并发放了 500 余个菜篮子。虽然这只是一个微小的开始，但相信只要每个人都积极参与，就一定能够共同推进低碳减塑环保事业的发展。

（二）以绿色发展为目标，提升生态文明水平

据部分统计，截至 2022 年 12 月，"绿色"垃圾分类活动项目已在 5 所学校、6 个社区开展了 34 场垃圾分类活动，直接参与达 1600 余人，志愿者参与 59 人次。通过活动，引导居民持续参与垃圾分类，让其环保意识和环境保护责任感得到不

断强化，引导其养成绿色生活、绿色消费的习惯，在源头减少垃圾的产生，真正养成垃圾分类的好习惯。只有越来越多的人养成了垃圾分类的好习惯，并将这种素养转化为绿色生活、绿色消费、绿色生产的自觉行动，垃圾分类才能由"盆景"变成"园林"，进而变成"森林"，带来巨大的生态效益，带动绿色发展和可持续发展。

小背篓里的"绿色世界"

——张家界小背篓原生态种养专业合作社的生动实践

一、案例背景

党的十九大报告中作出实施乡村振兴战略的重大决策部署。党的二十大报告强调："全面建设社会主义现代化国家，最艰巨最繁重的任务仍然在农村，"并提出了全面推动乡村振兴的新要求。乡村振兴是乡村在产业、人才、文化、生态、组织方面的发展水平综合性的提升，高质量发展推动乡村全面振兴。

2019年末，受疫情影响，张家界的旅游行业停滞。从事该行业的袁国宏待业在家，在和家人商议后，他当起了村里的志愿者。在志愿服务过程中，一些留守老人用自家制作的葛根粉、红薯条、土蜂蜜等各种农副产品招待他。这些纯天然的自制产品风味独特、品种多样，但由于受自然条件的制约，山区居民点分散，居住点高低落差大，基本不参与每月的赶场交易。袁国宏借助网络帮老人进行卖

张家界小背篓原生态种养专业合作社基地一角

162

货，产品十分畅销。看着原生态的农产品备受城里人的喜爱与青睐，他萌发帮助乡亲们把更多的原生态农产品运出去、卖出去，实现应有的价值，增加村民的劳动收入的想法。因此，致力于开发家乡特色农产品的"小背篓"——张家界小背篓原生态种养专业合作社诞生了。

二、主要做法

（一）整合劳动资源，开展技能培训

合作社在发展初期面临着农村没有劳动力，只有留守老人的困境。合作社先吸纳留守老人就业，再以留守老人的家庭成员为单位孵化成立家庭农场，以家庭农场的形式加入合作社。合作社为家庭农场提供种苗、有机肥、机耕作业、技术指导、电商销售等一条龙服务，通过"合作社＋农户＋家庭农场＋其他合作社"等方式，开发了100余亩红薯生态种植，50余亩有机稻种植，签约了30余户生猪养殖合作农户。合作社定期邀请当地农业专家结合当地生产条件对农作物品种选择、播种方式、栽培规格（密度）、科学施肥、田间管理、病虫害防治等关键技术环节给予讲解和指导，累计10余次。同时，还引进整理、整顿、清扫、清洁、

中国莓茶行业标准制定首席专家张友胜在合作社指导工作

素养、安全的 6S 过程管理，邀请中国莓茶行业标准制定首席专家张友胜博士、湖南农大食品加工王远亮教授、全国著名休闲农旅专家谈再红教授等担任合作社策划和技术指导。

（二）成立加工中心，增值农商产品

合作社大力发展种养殖业，建立农产品加工中心。通过把控原材料原生态种养、挖掘民间传统配方进行秘制，结合现代机械化生产，帮助乡亲们把种植和收购来的各种农产品进行深加工，提高产品附加值。经过不断的培育及改进，合作社开发出了具有当地特色的红薯干、红薯糍粑、红薯罐头、红薯藤泡菜、腊肉、香肠等系列产品，带领乡亲们共同致富。在张家界市武陵源区首届十大名菜名厨名店名小吃评选活动中，小背篓开发的红薯干和红薯糍粑产品双双荣获"十大名小吃"的称号，并得到了湘菜大师许菊云的青睐和肯定。从无到有，从小到大，2021 年小背篓年实现销售额 50 万元，2022 年突破 100 万。居民家庭年增收 3000~10000 余元，极大地提高了居民经济生活水平。

（三）开发乡村旅游，助力乡村振兴

众所周知，张家界是享誉世界的旅游城市，合作社因地制宜，针对城市居民追求健康和养生的需求，与种植基地进行深度合作。线上策划"我在武陵源有一亩三分田"开展订单农业；线下策划"小背篓乡村体验游＋武陵源核心景区游"，提供吃住行游购娱一条龙服务，为自驾游客量身打造了后备厢土特产计划，让客人尽兴来游，满载而归。同时，长期开展"背上小背篓，重走红军路"活动，文化寻根，挖掘张家界红色资源，组织党员、干部、游客"亲吻"大山、梦回童年，做到忆苦思甜，不忘初心，铭记历史。

（四）加强文化传播，提升居民素养

合作社定期开办公益国学大讲堂，组织群众学习《论语》《弟子规》、毛泽东思想、中国梦等经典，并把国学经典应用到企业。与宣传部、街道商会公益开办"张家界企业家智慧与领导力"培训班，与文风社区合作开展"构建和谐社会幸福人生大型公益讲座"活动，均引发热烈反响。志愿者开设艺术培训班，传承

非遗技艺，把学员输送到旅游一线企业，服务张家界旅游市场发展。

三、成效贡献

合作社在政府政策的指引下，以张家界原生态的农产品为基础，用好山好水滋养红薯、竹笋、家禽、野茶、土蜂蜜、各类菜干、菌菇、腊味、肉肠等，受到原省委书记许达哲的亲切接见和称赞。做到了小规模、多品种、高品质，夯实第二、第三产业基础。纵向上，打造农业的全产业链，推动产业向后端延伸，推动产品增值、产业增效。横向上，促进农业与休闲、旅游、康养、生态、文化等第一、第二、第三产业深度融合，因地制宜探索出产业发展的好路子，带领乡亲们共同致富。

2022 年授予张家界开放大学"实践教学基地"称号

对于合作社的下一步目标，合作社工作者计划到 2028 年，以张家界为核心，在背篓文化覆盖的湘鄂川黔地区发展合作联合体基地。在全国开设社区加盟店，不断促进农民就业创业，进一步助力乡村振兴。合作社的"小背篓"把家乡绝美的山水和大山里的好东西，"背"向全国，"背"向世界。

03 绘就古色画卷，提升文化自信

"圆点"打通社区教育"美育最后一公里"

——长沙市芙蓉区社区学院与湖南省圆点美术馆工作经验

一、案例背景

湖南省圆点美术馆是在湖南省民政厅登记，由湖南省文化和旅游厅业务主管的非营利性民营美术馆。自建馆以来，圆点美术馆坚持"以人民为中心"的发展思路，探索通过社区美育活动，推动社区治理、新时代文明实践和社会美育工作深度融合、高效联动，打通宣传群众、教育群众、关心群众、服务群众的"最后一公里"。

二、主要做法

（一）提供"沉浸式"艺术体验

一是打造优质美育平台。圆点美术馆现有室内外场馆约 3000 平方米，设有展览创制空间、公益图书馆、世界非遗湿拓画体验中心、VR 数字体验区、美术作品展览、陶瓷艺术创作、绘画创作、艺术品鉴、湖湘风光情境体验等 12 个活动空间，其独特的内部设计和丰富的活动内容为居民群众提供了艺术培训、艺术研学、艺术创作、艺术交流的优质平台。同时，圆点美术馆注重线上美术馆的体验，坚持每天推文 2-5 篇，已累计发布近万篇推文，并开设有"天下溪·圆点美育思想""圆点艺苑""一画一赏""一字一鉴"等栏目，发布系列视频短片"何以为美"。

圆点美术馆室内场景

二是提供直观美学体验。圆点美术馆精心打造馆内美育环境，坚持面向社区群众开放，每月举办 8 场小型活动，其中 4 场是非遗体验活动；每年举办 4-6 场大型主题画展，累计服务人群 120000 人次。例如牵头主办了湖南美术界"喜迎二十大"的重要展览之一"圆点·元境——全国名家作品邀请展"；举办了"湘江北去"首届魅力乡村"吾爱吾乡"美术作品展；举办了"立心致善"当代中国画名家迎春作品展等。馆内陈列的艺术家原作，让社区群众近距离感受不同材质作品肌理呈现的视觉效果，获得直观的审美体验。学校和艺术机构则为学员就地边讲解边创作，提高他们的艺术创作力与鉴赏力。

三是首创"轮值馆长"制度。开创全国美术馆系统首个"轮值馆长"制度，设置了"轮值馆长"岗前培训及考核标准，通过者则授予证书。截至目前，已培养了 60 余位"轮值馆长"。"轮值馆长"制度让群众自己当"馆长"，体验展馆的日常接待、作品讲解、图书管理、志愿服务等工作，感受身为一馆之长的工作辛劳及所获得的成就感。市民们在从事美术馆工作中不仅提升了美术鉴赏力，还锻炼了组织管理能力。

轮值馆长值班现场

（二）打造"艺教融合"发展模式

1. 秉承"学术立馆"宗旨

通过举办"圆点讲坛"和艺术论坛，提高了大众艺术创作水平、艺术鉴赏能力，提升了大众整体艺术层次，探索了未来艺术发展之路与大众文化需求的融合。坚持做向上向善向美、面向大众的标杆美术馆，组建高校专家公益讲座团队开展社区公益艺术讲座，为社区居民提供与全国知名艺术家、教育家零距离接触的机会，使他们得到教育和较高品位的艺术指导。

中国女画家协会副主席、湖南省女画家协会主席谢丽芳指导现场

2. 加入"读行芙蓉"研学行动

积极响应中共芙蓉区委区政府组织的"读行芙蓉"倡议，成为"读行芙蓉"四个必选美育研学单位。从天津美术学院引进世界非遗"湿拓画"体验研学项目，把艺术院校专业课程提前通过趣味性体验推广给6~12岁儿童群体，进一步培养孩子们的色彩感、创造力、动手能力、专注力。结合科普、劳动等实践活动，延伸、拓展美术教育，促进学生的德、智、体、美、劳全面发展。圆点美术馆湿拓画项目已被芙蓉区教育局纳入全区小学四个必选研学项目之一，将为12000-14000名小学生服务。

3. 注重非遗文化传承

圆点美术馆举办了众多非遗文化展览，联合陶艺、皮影、剪纸、湘绣、湿拓画、香道等非遗传承人，共同探索把非遗文化纳入社区美育，让民众不仅能身临其境地观摩、欣赏艺术作品，还能与艺术大师零距离接触，更深地领悟艺术的内涵和魅力，更好地完成艺术作品创作，体验艺术创造带来的乐趣和成就感。这既增加了社区美育的亮点，更助推了非遗文化的传播与传承。圆点美术馆现已签约非遗手艺人5人，每月举办8场小型活动，累计服务5000余人。

少儿制扇画扇现场

（三）构建"馆社联动"合作机制

1. 联合社区，开展中华传统节日主题活动

圆点美术馆联合社区，结合中华传统节日开展主题活动。如与湖南省供销社等 13 家省级爱心单位在狮子山社区筹办"年货文化节进社区"活动，举办了书画公益展，邀请到知名书法家到现场为居民写春联、送福字；与隆平公园社区共同举办"圆梦浏阳河"元宵灯谜歌会，吸引了来自全市的众多灯谜爱好者参与，增强了社区居民的自豪感、归属感、幸福感。

2. 联合各界爱心人士，开展社区公益活动

圆点美术馆建立之初便积极发动社会各界爱心人士参与公益教育事业，开展"书香筑梦"等主题活动，为所在辖区困境儿童、外来务工人员子女赠送优秀课外读物，鼓励孩子们养成良好的阅读习惯。

3. 深入社区，服务社区需求

圆点美术馆将美育资源推广进社区，积极协助社区组织策划社区党建、居民联谊、书法大赛、摄影大赛等各类活动；坚持开展"文化艺术进社区"活动，通过精心打造社区美术馆，打通人民群众文化、教育需求"最后一公里"，为社会注入更多的正能量，让居民生活更幸福，让社区发展更和谐。

三、难点突破

（一）坚持免费开放，确保正常运营

圆点美术馆目前的场地租金、日常运营、维护等费用均靠自身与社会公益支持，坚持免费开放、免费服务，确保正常运营。

（二）运用科技手段，开展线上云展

新冠疫情对线下教育培训带来了巨大冲击，圆点美术馆因势利导开始了数字化传播。数字影像团队利用 VR 影像技术完美还原了各个展区与作品，先后打造了"百圆同心"全国名家书法邀请展、"湘江北去"首届魅力乡村作品展、"墨舞迎新"彭国柱中国焦墨画巨幅长卷《情系浏阳河》等七场线上云展，用科技与

艺术的完美融合打破物理空间的隔阂，让居民群众足不出户也能欣赏艺术作品展，感受文化艺术的熏陶与滋润。

（三）大力宣传推广，扩大社会影响

多种途径提升曝光度及微信公众号的使用率。圆点美术馆原创歌曲《天涯共此圆》在 2022 年"唱响中国春节联欢晚会"中唱响央视舞台；入驻新媒体平台，如大众点评、小红书、抖音等。公众号栏目不断推陈出新，阅读量与关注量持续攀升，帮助居民群众在欣赏艺术作品的同时，了解其背后的美学原理与经典的艺术故事，起到以美润心，以美育美的效果。

四、成效贡献

（一）受惠群众多

湖南省圆点美术馆开馆仅 4 个多月，就成为长沙新晋热门文化场馆。其访客已超过 2 万人次，在高德地图上的评分热度、客户关注度、点评次数超过 4.7 分，在百度地图"长沙美术馆风向标"上名列前茅。

（二）主流评价好

"湖南省圆点美术馆作为公益性美术馆，工作人员全部由志愿者组成，他们凭借个人对艺术的追求和为老百姓服务的情怀投身美术馆的建设和服务，这种模式在全国是独树一帜的，要大力发扬下去"，这是湖南省委宣传部、湖南省文化和旅游厅领导对圆点美术馆给予的肯定和期待。长沙市委领导到馆调研时指出，希望湖南省圆点美术馆继续将"学术立馆"发扬光大，助力文化事业发展，服务社区群众，普及公共艺术，做优质文化艺术传播的践行者。芙蓉区政府在美术馆筹建与发展过程中给予了大力支持。

（三）社会影响大

圆点美术馆开馆以来被亚洲华语文旅卫视、湖南卫视、湖南经视、红网、长沙晚报、潇湘晨报等多家媒体推介报道。在西瓜视频、文旅长沙、长沙壹座城市等自媒体平台上被多次宣传，许多网络红人与专业摄影团队专程来馆参观学习。

五、经验启示

（一）坚持文化自信，助力公共文化服务体系建设

圆点美术馆紧紧围绕"讲好中国故事、传播中国声音、展现中国形象"，精心策划每一场展览，充分展示新时期中国艺术工作者的精神面貌，为全市乃至全省人民提供丰富的文化大餐。坚持学术立馆，突出美术馆在美术学术交流中的作用，使其成为文化交流的乐园、增强文化自信的阵地。坚持以人民为中心的办馆思想，关注优秀青年美术工作者的成长，鼓励优秀作品的创作和传播，深入实施文化惠民工程，服务湖南群众文化发展，助力公共文化服务体系建设。

（二）坚持扎根社区，助力社区美术教育融合发展

圆点美术馆携手社区优质美育资源，投放至社区教育平台，让美育与社区教育共建共行；通过举办形式多样的展演、展评、交流活动，开设门类众多的艺术教育课程，让"学"融入大众生活，使"美"萦绕大众心灵。实施"双减"政策后，将美育课堂开到社区，丰富了学生的课余文化生活，陶冶了情操。

（三）坚持守正创新，助力社区基层治理长治长效

圆点美术馆坚持社区美育服务社区管理，通过美术教育丰富了社区居民生活，激发了片区文化活力，增强了社区文化氛围，优化了社区生活环境，推动了社区治理进步。

六、未来展望

（一）聚焦品质提升

圆点美术馆将进一步加强图书的更新与管理，打造美育阅读空间。同时，优化场馆功能，充实场馆活动，搭建满足社区大众文化艺术需求的优质平台，推动公共文化艺术服务与社区教育的发展。

（二）聚焦公益服务

加强志愿者服务团队建设，彰显美术馆公益属性。探索推广社区公共艺术项

目，推动社区美育事业可持续发展，打造居民身边的艺术胜地。

（三）聚焦创新发展

不断探索新时代社区美育工作及公共文化服务体系建设的新路径，推动圆点美术馆社区美育事业的开展对基层社区教育发展有所助益，对新型社区管理、和谐社区建设有所贡献。

品味古雅风韵　重温诗词经典

——长沙浏阳市永和镇社区学校工作实践

一、案例背景

菊溪河畔，将军故里。永和镇是浏阳市老工业基地，是我国的"中国民间艺术之乡""百优群众文化艺术之乡""中国红檵木之乡""全球菊花石之乡"，有着深厚的文化底蕴，辖区内众多居民对诗词、对联有着浓厚的兴趣。成立于2011年9月，服务于11个社区（村）的永和镇社区学校，为传承中华优秀传统文化，满足广大居民的精神需求，推进美丽乡村建设，在镇党委、政府及各级领导的高度重视下，在社区教育工作者、志愿者和广大居民的共同努力下，从2014年至今，在辖区内持续开展了"诗联文化进社区"的学习和实践活动。

二、主要做法

（一）精准立项，组建高效团队

2014年上半年，永和镇社区学校对2000名村民及学生进行了问卷调查。调查结果显示，82.2%的居民对诗联文化有兴趣。镇政府高度重视此调查，于2014年11月确定"诗联文化进社区"项目，成立了教学课程和教材开发团队，由主管社区教育的副镇长张凡担任总顾问，永和中学校长汤松柏任组长，并邀请中国楹联协会和长沙市及浏阳诗词协会相关领导进行指导；同时迅速召集了一批能力强、思维活、兴趣大的老师和社会人士组成工作团队。镇政府于2016年投资10万元改善了培训场地和实践场地的设施，并每年拨款2万元用于工作开展。

"诗联文化进社区"教学课程和教材开发团队

（二）立足本地，优化师资队伍

教师是决定学习教育活动成败的关键因素之一。为了解决师资短缺的问题，永和社区学校首先致力诗联教学的种子教师的挖掘与培养，从社会上聘请了曾发展、徐国民等12位在楹联创作方面既有理论修养又有实践经验的同志担任兼职教师，并推荐这些教师加入国家省市各级诗词、楹联协会，同时开展诗联教学教师的培训。还建立激励机制，以此为开展"诗联文化进社区"学习活动教学团队提供支撑。

省市领导来社区调研诗联文化开展情况

（三）聚焦校园，致力传承发扬

打造青少年诗联发展之路，是"诗联文化进社区"学习活动的重中之重。本着培养学生兴趣为主的原则，让诗联教育贴近学生心理需求和审美要求，让学生爱上诗联、享受与诗联的每一次接触、对话和碰撞，从而进一步增强民族文化自信。教研团队为中小学生配备适用教材《诗联入门》。区域内中小学校每周开设一节校本课（诗联文化课），并有兼职专业老师上课，且布置相应的学习任务，要求小学高年级学生每月仿创两首诗词或对联，中学生每月创作四首诗词或对联，学校安排专人负责检查点评，将每年的优秀作品汇编成一期《菊溪新荷》；中小学还每天安排 5 分钟的诗联经典诵读，同时鼓励学生参加各级比赛，如镇级诗联创作大赛、浏阳市举办的"浏河杯"诗联大赛，并对获奖者进行表彰，充分激发学生对诗联文化的学习兴趣。组织学员参加由社区学校举办的"送春联"等实践活动，鼓励学生亲友邻居写春联，让他们在实践中切身感受到学习诗联文化的乐趣。学校还在校园内建立了诗联文化长廊，并成为了浏阳市诗联爱好者的打卡地。通过一系列的学习实践活动，现已培养 200 多名"小诗人"，其中有 100 多名小诗人的作品在浏阳市举办的"浏河杯"诗联大赛中获奖、发表。2020 年，永和中学荣获"湖南省诗联文化教育先进单位"称号。2021 年，永和中学、李贞小学荣获"浏阳市诗联教育特色教育示范学校"荣誉称号。

"小诗人"获奖

三、难点突破

（一）整合资源，拓展思路

"诗联文化进社区"项目是一个全新的课题，没有现成的经验可借鉴。学员分布地域广，文化程度、年龄、需求不一；对楹联的了解和掌握程度也不一样；且当时也没有既适合初学者，又适合有一定基础的学员的教材，这都向社区学校提出了挑战。

在教材方面，社区学校聘请曾发展、高华等十几位当地专家于 2014-2015 年自编了一本针对性、普遍性、实用性较强的教材《诗联入门》并正式出版。2016 年 5 月 18 日，永和中学举行了《诗联入门》教材首发仪式，中国楹联协会蒋有全会长出席首发式并作了讲话，中国楹联报、浏阳日报等新闻媒体对首发式进行了报道。

针对学员的基础、年龄、兴趣和爱好不一致的问题，项目组则采取了按基础差异和年龄大小不同等情况分四个班进行集中培训的方式，每个班每月集中培训 4 次。永和社区学校还组织曾发展、黄小平等 10 位兼职老师不定期到屋场和企业进行分散培训。这种不定期培训，既解决了学员分散、数量多等问题，又满足了域内学员的需求，取得了很好的效果。社区学校每年组织广大学员参加两次以上"诗联文化进社区"的社会实践活动，以及参加各种诗联征文比赛活动，还连续 5 年举办了免费送春联活动，得到了广大居民的点赞和上级领导的肯定。

（二）以点带面，辐射发散

社区学校采取了以点带面的方法开展学习活动，具体做法是：一培（培养骨干）、二带（以点带面）、三组团（组织社团）。以社区学校的培训学习活动，带动 11 个村学习中心及 7 家大中型单位。先由社区学校从各村学习中心和 7 家企业中选出了 320 名有一定基础的学员参加社区学校组织的诗联文化集中培训。骨干学员通过一段时间的培训后，返回各自的村学习中心和企业，村级社区教育干事和学习骨干，再到村和企业进行广泛地宣传发动，并同时登记招收新学员，社区学校作出统筹安排，安排专业老师分批到每个村和企业进行不定期的诗联文化培训活动。以点带面，形成辐射，实现以村学习中心带动片区，以片区带动屋场，以老带新，共同学习，共同进步。另外，让骨干学员以组织成社团的方式，开展学习、研讨、创作及为村民服务，如为广大居民免费提供诗联文化学习服务，免费提供红白喜事写对联等生活方面的服务。

四、成效贡献

永和社区学校以创建全国终身学习品牌为契机，将诗联教育的社区实践与社会主义核心价值观有效对接。自 2014 年 11 月确定"诗联文化进社区"学习项目以来，永和社区学校九年如一日深入持久地开展了形式多样、特色鲜明的诗联文化培训学习活动，取得了显著成效。

（一）诗联团队服务广

社区学校组建了 8 个精干的诗联学习服务团队，基本满足了广大居民对诗联文化学习的需求。通过各种培训学习活动，诗联文化教育向更深层次发展，使广大居民受到了诗联文化的熏陶。

（二）诗联创作人才培养出成果

永和镇每年有 3000 多人参加诗联文化学习活动，活动培养了 300 多名青年诗联创作者，其中有 22 名学员加入了浏阳市诗词学会，有 12 名学员加入了浏阳市楹联学会，有 6 名学员加入了湖南省诗词学会。

（三）诗联氛围日渐浓厚

如今走进社区，随时可以听到诵读声；走进企业、村组和屋场，到处都可以看到醒目的诗联长廊和楹联文化墙及家家户户的大红对联。吟诗联、品诗联、赏诗联、创诗联，逐渐成为当地一种社会新风尚。形成了和谐古雅的人文氛围，实现了艺术美与生活美的和谐统一。

功夫不负有心人。2017 年，永和社区学校"诗联文化进社区"学习项目成为了全国终身学习品牌项目，永和镇社区学校以此为契机，进一步拓宽、深挖"诗联文化进社区"的学习和实践活动，村民学习氛围日益浓厚，推动着浏阳市永和镇社区教育工作再上新的台阶。

社区美育与文旅、公益融合发展

——湘潭金海社区学校工作实践

一、案例背景

湘潭历史悠久，人杰地灵。窑湾历史文化街区有着 2000 多年的历史，用地面积 41.53 公顷，涉及窑湾社区和唐兴桥社区，人口共计 4277 人。区域内的宽裕粮行、大唐兴寺、窑湾古街、杨梅洲等项目建成、整合运营后，成为了湘潭市一个集"红色""古色""绿色""夜色"元素为一体的文旅高地，成为了富含湘潭文化内涵、反映湘潭传统特色的历史文化街区。其中，"宽裕粮行"的建设被湘潭市政府列入了 2023 年毛泽东 130 周年诞辰重点项目，建成后拟打造成全国红色教育基地。

党的二十大提出要推进文化和旅游深度融合。湘潭市雨湖区金海社区学校坐落在窑湾历史文化街区，凭借得天独厚的地理条件，充分利用街区历史文化、旅游景点的先天优势，致力于打造以"人文艺术"为特色的社区教育品牌，以品牌助推社区美育发展。"'莲城艺能量'公益课堂"项目获评 2022 年湖南省终身学习品牌项目后，学校持续加大投入，吸引高素质人才，整合湘潭市美术创作中心、湘潭市美术馆文化艺术有限公司力量，探索社区美育教育与文旅、公益融合发展的新路径。

二、主要做法

（一）打造沉浸式、研学一体的美育实践基地

金海社区学校整合各方力量，推动工作开展。如金海社区学校联合湘潭美术馆文化艺术有限公司、湘潭市美术创作中心收购窑湾艺术工厂，并租用湘潭市开

关厂 3000 平米厂房，对厂房进行了装修和项目充实，充分利用空间，把厂房墙壁打造成展览学习长廊，将厂房建成为集艺术展览、培训交流、沉浸式体验、研学为一体的社区美育教育和研学、实践基地。走进基地，浓浓的文化气息、古韵气息就扑面而来，前来学习、观展的市民陶醉其中。基地已经举办了两场少儿画展和一场美术教师培训活动，这种沉浸式体验学习的方式，大受市民欢迎。

金海社区学校打造艺术展览

（二）开展多样化、独具特色的非遗文化体验项目

非物质文化遗产是一个国家和民族历史文化成就的重要标志，它不仅对于研究人类文明的演进具有重要意义，而且对于展现世界文化的多样性具有独特作用，是人类共同的文化财富。金海社区学校引进皮影戏、泥塑、版画、剪纸、油鼓舞等非遗艺术，并开发中国画、书法、油画等项目，通过家长课堂、艺术讲座、学生研学和校外实践等方式加以传播。工作开展以来，前来体验的学生和家长达到1000 余人次，且热度持续不减。非遗融入百姓生活，为湘潭人民创造出非遗传承与现代生活和谐共生的良好环境。

2023 年 1 月 29 日，金海社区学校举办"听听春的声音"少儿美展暨普特融合美展。展览邀请了非遗传承人吴渊、钱继明到现场表演，非遗传承人和观众积极互动，取得了较好的效果。在为期一个月的展览期间，共接纳参展及观展人员3000 余人。

"听听春的声音"少儿美展暨普特融合美展

（三）举办公益性、辐射全民的"莲城艺能量"课堂

金海社区学校利用专业优势积极开展公益送教活动。学校发起的"莲城艺能量"公益课堂，先后在湘潭市社会福利院、湘潭市特殊教育学校、韶山城前小学、白石中学、梅花小学等学校开展了送教活动。在特殊教育学校，老师们用艺术课辅助特殊儿童治疗，组织开展特校孩子融入社会的"普特融合"活动，助力特教孩子的成长。送教工作给孩子们带去了鲜活的学习内容，也提升了社区学校的品牌影响力。

目前，金海社区学校已累计送课 500 余次，辐射学生上万人。金海社区学校积极开展面向社区的公益送教活动，在雪园社区、洗脚桥社区、万楼社区和雨湖社区图书室送课 100 余次，受益孩子近 2000 人次。学校利用社会资源为中老年书法爱好者开设书法讲座，与社区合作开设营养配餐员、化妆美容师等技能培训项目。"莲城艺能量"系列送教活动，得到了上级部门的肯定，获得了学校师生、社区居民的广泛好评。

（四）打造普惠性、产教融合的社区教育品牌

金海社区学校积极探索一条适合自身的普惠性、产教融合的办学新路径，打造了特色品牌，扩大了学校的影响力。如邀请艺术家、美术教研员和旅游业专业人士共同探访周边革命先烈纪念馆、红色故事发生地及历史人物故居旧址，以及老建筑、自然风光等，收集、整理、设计出线描、水彩、油画等专业写生路线，吸引了全国各地艺术家、艺术爱好者、学生来此写生或者研学，带动了周边旅游产业；利用学校专业展厅的优势，将优秀的写生作品展出，并给学员发放证书，让学员有获得感和成就感。

2022 年 6 月 30 日，金海社区学校举办了湘潭市青年艺术家和特校学生美术作品联展——"展中展"。展览邀请了特校师生、家长观展和参与校外实践活动，观展人数近万人，取得了良好的社会效应。

三、成效贡献

（一）社区居民的非遗艺术普及程度逐步提高

群众广泛参与非遗文化体验项目和沉浸式体验项目，热情极高。项目加深了社区居民对中国文化的了解，丰富了社区群众业余文化生活，让广大群众成为社区文化活动的主体，进一步提高了群众的幸福指数，推动了和谐社区的建设。而非遗艺术也通过丰富多彩、形式多样的群众文化活动的开展，得以传承保护。

（二）公益普惠品牌的影响力逐渐增强

公益课堂及展览的举办扩大了金海社区学校的影响。学校现已与多所学校达成美育合作意向，并与其中一家小学签订了"馆校联合美术教育实践基地"合作协议，为其开学典礼策划了"听春韵·展未来"少儿美术作品展。展览得到微潭教育、新华社客户端、中国美术报的报道，吸引了多所美术培训机构、工作室的老师们来馆交流，共同策划馆校共建活动。

（三）文旅融合的社会效益日益凸显

文旅融合发展已发生转变，市民不再追求赶景点、忙拍照，而是希望停留下来，沉淀心灵，享受生活。文旅融合与市民的文化追求相契合。文旅融合的推进，不仅激发了传统文化的潜力，也让全域旅游发展有了更多的落脚点。金海社区学校始终坚持优秀传统文化的保护，坚持体制机制改革和旅游产品业态创新。一方面发掘当地非遗文化，另一方面打造艺术文化教育，发挥文化、旅游、生态"三位一体"优势。窑湾一带文化旅游体系已经基本形成。

品湖湘文化神韵　听石鼓琅琅书声

——衡阳市石鼓区教育局工作经验

一、案例背景

2011 年 10 月，党的十七届六中全会提出建设社会主义文化强国，并在决议中首次写入"深入开展全民阅读活动"。2012 年 11 月，党的十八大报告历史性地写入"开展全民阅读活动"，成为建设社会主义文化强国的一项重要举措。2021 年，"全民阅读"被第九次写入《政府工作报告》——"推进城乡公共文化服务体系一体建设，创新实施文化惠民工程，倡导全民阅读"。读书的价值不仅体现在联通过去、观照现在，还在于能够发现和创造未来。为积极响应党中央的号召，石鼓区委、区政府通过统筹指导，上下结合，区域联动，资源整合的模式，把"大力开展全民阅读活动，扎实推进书香石鼓建设"这一重要目标任务列入石鼓区全民终身学习及文明城市创建规划之中。以地域特色教育及文化活动为载体，以点带面辐射引领，积极践行"阅读生活化、学习终身化"的理念，营造全民阅读氛围，共同建设"书香石鼓"。

二、主要做法

（一）深挖本土文化，创立书香名片

石鼓区位于衡阳市区西北部，辖 1 个镇 6 个街道办事处，16 个行政村，32 个社区居委会，总面积 112 平方公里，总人口 24.82 万。石鼓区因古今闻名的石鼓书院座落于此而得名，石鼓书院是湖湘文化的重要发祥地，曾鼎盛数百年，在我国书院史、教育史和文化史上享有极高的地位。石鼓文化底蕴深厚，人文璀璨，独特的文化积淀，孕育出千年文脉，彰显出蓬勃的发展活力。

2008 年，为弘扬湖湘文化，助推全国文明城市创建，石鼓区以地域文化特色开办"石鼓书院大讲坛"大型历史文化类栏目。讲坛由市宣传部主办，广播电视台、石鼓书院承办。2015 年，为认真贯彻习近平总书记关于传承和弘扬中国优秀传统文化的重要讲话精神，讲坛升级为国学讲座。"石鼓书院大讲坛"坚持每月一讲，现共推出 300 余期节目，播出了 200 余期节目，每场活动受众 1000 余人，直接受众共计 20 余万人次。讲坛风格独具特色，邀请文化名流、专家学者围绕国学、衡阳历史、人文、自然风光乃至衡阳经济社会重大问题开讲，讲坛也曾被搬到校园、乡村、广场，面向普通百姓，宣传衡阳历史文化，提升广大群众的文化素养。

石鼓书院

（二）提高人文素质，建设书香社区

为倡导多读书、读好书的文明风尚，将石鼓书香覆盖全区，石鼓区多措并举助力全民阅读，坚持党建引领、社区搭台、多方联动，开展书香社区建设，读书学习蔚然成风，书香文明气息荡漾社区大街小巷。

1. 强化阵地建设

自湖南省现代公共文化服务体系建设计划实施以来，区领导高度重视，率先行动，在 6 个街道成立社区学校，32 个社区居委会成立了社区学习中心，16 个行政村均设置了村级综合文化服务中心，设置率为 100%。为更好地满足全区居民阅读需求，2011 年成立了石鼓区图书馆，馆舍面积 1316 平方米。2015 年区委、区政府又投入 500 多万元，高标准改扩建了图书馆大楼，馆舍面积增加到 2078 平方米。近几年来，区陆续建成镇（街道）、村（社区）、学校三级分馆、农家书屋，共计面积为 4834 平方米。图书馆按县级馆标准配备了各功能室，设立有图书借阅室、采编室、电子阅览室、文体活动室、报告厅、文化共享工程机房等。每年拨付相应的经费用于添置图书，馆内现有藏书将近 6 万多册（不含剔旧图书），电子文献 10 万种，选用了文华集群数字图书馆平台。2013 年，在第六次全国公共图书馆评估中被评为三级图书馆。2019 年，区政府在莲湖广场西北角又建设了一座市民自助书屋（24 小时自助图书馆）。目前，全区社区图书室、电子阅览室免费向居民开放，社区等还组织辖区中小学校学生在寒、暑假开展不同主题的读书日活动。

2. 创新活动形式

以"石鼓书院大讲坛"教育活动为载体，在全区乡镇、街道、机关、学校、社区、家庭以点带面开展全民阅读活动，全面提升石鼓书香氛围，孕育适宜经济发展的人文环境。

一是开展精品书籍推荐工作。通过"文化下基层"活动，按群众的现实文化需求提供图书馆馆藏图书，开展精品图书阅读推荐活动及图书展销活动。

二是举办"读书日"活动。各社区学习中心利用分级图书馆和社区学习中心等公共场所，组织居民举办"读好书、我受益"读书交流会。如杨家坪社区"百姓学习之星"老党员刘少华同志，几十年如一日坚持读书集报，如今 74 岁高龄依旧保持每天读报看书 4 小时，写读书笔记的好习惯。

三是进行"微课堂"共享。在疫情期间，各社区学习中心向居民贯彻"与邻为善、以邻为伴"的理念，每天通过微信群推送社区疫情状况及防疫知识，同时组织居民彼此分享居家期间阅读的好书，有效提升了社区居民的凝聚力。

四是文化剧目巡演。整合文化资源，组织文艺团体创作编排精品剧目、诗歌诵读、歌舞等节目，深入社区、乡镇举办"周周乐"等文艺演出活动，进一步宣传乡土文化，弘扬时代精神，歌颂新生活。

五是开展"书香"党支部活动。以构建"红色文化"为载体，开展专项主题阅读活动。在各级党支部开展以"创建书香机关，做知识型干部"为主题的党政机关干部读书活动。党员干部每天读书不少于30分钟，通过撰写读书心得评出了一批读书典型。在第27个"世界读书日"，石鼓区政协开展了"书香政协·共建锦绣新石鼓"委员读书活动，让书香味成为政协人的味道，以"书香政协"带动"书香社会"建设。

六是举办亲子共读活动。在全区开展"书香家庭亲子共读"活动，社区各推选三个家庭参加活动，经过层层推选，每年都有不同的家庭被省、市、区评为"学习型家庭"，有效推动了社区家庭亲子共读的好风气的形成。

石鼓区政协开展"读书日"活动

（三）阅读引领成长，建设书香校园

为促进书香校园建设，营造浓郁的家校书香氛围，全区中小学校开展系列"家校共读、经典诵读"校园阅读活动，通过引导青少年诵读国学经典、红色经典、传统经典、社科精品书籍，培育他们的社会主义核心价值观。

1. 营造读书氛围

在学校举行"书香校园"阅读活动启动仪式，校园内张贴"读书改变人生、阅读改变中国""我读书、我感悟、我快乐""读好书、乐分享"等宣传标语。校园广播站开启"新书推荐""文学诵读"等专栏。班级设立图书角，每周开设班级读书会、阅读课，带领学生共读经典书籍，利用现代化教育信息技术下载电子绘本，开设文学欣赏课以激发学生对读书的兴趣；制作读书卡片，化整为零，引导学生断点读完；每期末鼓励同学们参加"阅读之星"评比。

2. 组织"乐分享"读书会

每学期组织学生进行班级、年级交流阅读汇报演出，让学生走上舞台，成为读书的主角，分享阅读的喜悦。快乐会传染，阅读引发"蝴蝶效应"，班级联动全校，校园书香氛围越来越浓，孩子在阅读中成长、进步，真正实现"倡导全民阅读，建设书香社会"。

3. 举办"点灯人"读书沙龙

能引导学生阅读的老师，自己必须也是一个爱阅读的人，为此，学校每学期组织教师开展读书沙龙活动，进行读教育名著心得分享，读书沙龙已成为助力教师专业成长的良好途径。

4. 进行公益阅读帮扶

为解决留守儿童、贫困学生在阅读方面的实际困难，帮助孩子们健康成长，城乡学校开展了结对公益阅读帮扶活动，学校向贫困学生和留守儿童赠送图书、学习用品，老师也及时沟通，聆听孩子们的心声，给予他们学习和生活上的帮助。

5. 开展评选活动

各个学校每个学期都开展阅读各项评比活动，按自评、查阅资料、现场考评等流程对申报单位进行评选，在学校、教师层面分别评选出"书香校园""点灯人——阅读推广名师"，在家庭和学生层面评选出"书香家庭""阅读之星"。

石鼓区朝阳小学结对松梅小学开展阅读帮扶活动

三、成效贡献

如果说一本好书可以浸润一个人的品格，那么全民阅读则可以温暖一座城。通过几年的努力，"全民阅读、书香石鼓"为石鼓区全民架起了终身教育的连心桥，也取得了一些成效。"石鼓书院大讲坛"栏目影响力持续扩大，先后被评为全国"终身学习品牌项目"、湖南省优秀理论栏目、优秀电视栏目。如今"石鼓书院大讲坛"不仅是市民文化交流的新平台，也是雁城一张闪亮的文化名片，为广大市民献上了一道道丰盛的精神大餐，提升了整个城市的文化内涵。2021-2022年，朝阳小学、荷池路小学、华耀小学、演武坪小学、石鼓区实验幼儿园被评为市级"书香校园"；青山街道牛角巷社区获评国家级"书香社区"、光明社区获评湖南省"书香社区"、人民路获评市级"书香社区"；创建了"百善万家""点亮居民生活"等衡阳市终身学习品牌。

阅读作为一种精神力量，对社会发展产生着深刻影响。"书香石鼓"在扎实做好全民阅读、丰富居民文化生活的基础上，不断拓展领域，以文会人，让大家在阅读中开阔视野，增长知识，凝聚人心，增进了邻里融合，增强了社区居民的获得感和幸福感。下一步，我们将持续深入推进全民阅读工作，不断总结全民阅读的好做法,将开展全民阅读活动与和谐社区创建相结合,不断拓展全民阅读的深度和广度。

活态传习之非遗课程化

——邵阳职业技术学院社区教育学院工作经验

一、案例背景

在社区文化建设及全民终身学习工作推进过程中，邵阳职业技术学院社区教育学院立足社区教育，以提高全民素质、促进社会和谐、服务美好生活、建设技能社会为宗旨，以传播非遗文化为目标，广泛挖掘国家级、省市级非遗传承人、工匠大师、技能大师，积极打造非遗课程，先后开发了花瑶挑花、宝庆竹刻、蓝染技艺、缠花、盘扣、刺绣等十余门非遗课程，每一门课程都有课程包、工具包、产品包，并不断将线下课程转化为线上教学资源，通过非遗课程化项目的实施已成功申报湖南省科普教育基地"邵阳职业技术学院人文素养科普教育基地"；借力邵阳市团委成立"青年之家"，助力青年力量培养；依托各类非遗资源，先后成立了"剪纸工坊""盘扣工坊""缠花工坊""扎染工坊"等5支手工文创宣教队伍进单位、进社区、进学校，开展非遗课程培训。以上种种努力，不仅让传承千百年的文化遗产逐渐"活起来"，也推动了社区文化工作的健康繁荣发展。

二、主要做法

（一）走进高校，产学研销融合促发展

一是依托学院南有乔木创新创业工作室，深化产学研销融合。积极探索以服饰品为载体，融合邵阳县蓝印染及花瑶挑花两大本土非遗技艺，采取现代学徒制的教学形式带领学生学习传统非遗技艺，强化大学生专业实践能力和创新创业素养的培养。同时通过师生与民间非遗手艺人坚持不懈的创新研发，设计

并制作了一系列特色礼品、旅游产品、家居软装等非遗衍生产品，以工作室为对外窗口，采取布展参展等形式，让非遗文创产品真正融入现代生活并走入寻常百姓家，助力乡村振兴的同时也不断推动高校产学研销创新创业教育成果的转化。

二是面向全院开设公开选修课。每学期固定举办两次专题讲座，提高大学生的艺术鉴赏能力及动手能力。

三是成立工匠研学实践教育基地。结合"基地+"模式，与本土资源联动，建成以工匠精神培育与传播为核心，以非遗手工实践为载体，以研学实践、劳动实践、职业体验拓展为主要教育服务内容的一站式工匠精神主题实践基地，研发设计了剪纸、挑花、扎染、盘扣、陶艺彩绘、景泰蓝、宝庆竹刻、羽毛画、缠花、点翠、古法香囊、传统插花、少儿茶艺等体验课程，针对不同的年龄层次设计不同的实践课程内容。通过非遗文化讲解和沉浸式非遗技艺实践体验教学模式，学生系统直观地了解、认识非遗，并在此过程中感受中华传统非遗技艺深厚的底蕴，领悟传统技艺的精神力量，培育工匠精神，从而加强对非遗等传统文化的理解与认同，唤醒保护、传承非遗等传统文化技艺的责任感与使命感。

（二）走进青少年，项目带动促传承

一是承办了共青团邵阳市委、邵阳市教育局联合推出的"少先队移动课堂"项目。以非遗文化实践教育为切入口，主动配合做好"双减"工作，推动红领巾"牵手"本土高校，采取线上教学直播＋线下沉浸式非遗体验的教学形式，提高学生的实践动手能力，引领广大少年儿童健康成长，全面发展。目前累计服务中小学生3万人以上。

二是开展庆"八一"活动。邵阳市共青团、邵阳市教育局组织邵阳职业技术学院社区教育学院承办"万里征程不负梦，千年剪纸敬英雄"庆"八一"活动，线上直播参与4678人，观众点赞20.6万，举办线下亲子专场10场。

少先队移动课堂

三是组织教师及学生讲师团利用寒暑假开展"同心筑梦 共赴未来"等主题的"三下乡"活动，通过剪纸等非遗体验课拓展学生综合素养。

暑期"三下乡"——非遗剪纸

（三）走进市民，多彩活动促和谐

一是针对各企业、单位、社区的文化建设，在邵阳市政协、市政府办、市编办、强制隔离禁毒所、二炮部队、市脑科医院、水利水电勘测设计研究院、各大银行、兰天集团、各大高校、各社区开设传统文化学习培训课程，通过不同的非遗技艺体验课程，切实增强了学员们的文化自信，培养了对中华优秀文化的热爱与情怀。

二是组织了邵阳市有情怀、有底蕴、有爱好的女干部群体开展了"践行社会主义核心价值观·和谐"主题的非遗盘扣创意手工沙龙活动，参与的干部分别来自邵阳市政协、市总工会、市文体广新局、市中心医院等市直单位。大家会聚学院工作室共享创意手工作品，体验千年非遗盘扣的独特魅力。

三是免费向市民开放非遗文创工作室参观项目。通过专业的讲解传播推广非遗文化，增进市民对本土文化的认识与了解；和各大社区及居委会联合开办非遗体验课程，满足居民对美好生活的需要。

邵阳市委书记严华调研指导非遗文创工作

三、成效贡献

（一）人民非遗，人民共享

非物质文化遗产是中华民族优秀的传统文化，在丰富群众精神生活，推进乡村振兴，促进社会文明等方面发挥着巨大作用。邵阳职业技术学院社区教育学院一直致力于让传统回归，让邵阳地区的非物质文化遗产能够传承发扬，真正做到人民非遗人民共享。

（二）非遗助推文旅事业发展

2022 年 6 月 15 日上午，邵阳县文旅广体局在城区振羽广场举行"春满芙蓉——蓝印花布印染技艺保护成果展演活动"，献上了一场隆重而高雅的文艺大餐，2000 余名观众兴致勃勃地观赏非物质文化遗产重点保护项目的展示与演出，推进了文化遗产保护，助力邵阳文旅事业发展。

弘扬古村"孝友文化"　助力乡村振兴战略
——岳阳县张谷英镇社区学校工作实践

一、案例背景

张谷英镇位于岳阳县东南部山区，与平江县交界，面积 167.34 平方千米，有行政村 13 个，人口近 5 万。这里绿水青山，文化底蕴深厚，张谷英镇张谷英村更是全国重点文物保护单位、中国首批历史文化名村、国家 4A 级风景区。

张谷英镇社区学校成立于 2018 年 11 月，是岳阳市示范性农村社区教育、老年教育基地，是全市社区教育、老年教育游学基地。2020 年，张谷英镇社区学校被评为省级老年教育学习体验基地。近年来，面对当地农村青壮年劳力的不断外出与农村老龄人口的日渐增多，学校积极作为，努力整合乡土资源，不断推进以弘扬孝友文化为主题的传统文化培训工作，旨在延续古村传统，提升农村社区教育内涵，并取得了良好的社会效益。

二、主要做法

（一）建立长效机制，加强组织领导

张谷英镇社区学校成立了"孝友文化"推广工作领导小组，由张谷英镇主管社区教育的领导担任工作小组组长，张谷英镇老科协领导、张谷英村村委会领导为主要成员。聘请了一批当地退休老干部、老教师及地方文化名流组成张谷英镇社区学校"孝友文化"推广工作顾问团队。学校在张谷英村景区内省级展馆——张谷英村孝廉文化馆设推广培训基地，在各村点设立了孝友文化学习点。

（二）整合乡土资源，建设师资队伍

张谷英镇文化底蕴深厚，至今仍保存着较为完好的儒家传统与礼仪。张谷英

村的孝友文化与孝廉家风曾获得了中纪委的高度称赞与中央电视台的多次推介。这为学校开展"孝友文化"培训项目，打下了良好的学习基础。学校充分整合社会资源，建立了一支由58人组成的培训讲师和志愿者团队。这支队伍中，有热心于传播张谷英村传统文化的退休老干部，有热心公益的医务人员，有退休的中小学教师，还有一批当地具有一技之长的村民。为提高教学和管理水平，学校定期组织开展有关政策和业务的学习。2020年12月，组织教师及志愿者赴长沙参加"华学国学"传统文化学习班；2021年10月，组织教师和学员赴平江孔子学堂交流游学等。

李桂龙老师在廉政教育活动授课

（三）弘扬传统文化，助力乡村振兴

1. 举办孝友文化讲座

学校利用张谷英景区的省级廉政教育基地——张谷英孝廉家风传承馆，较好地把文化传承与文化旅游融合起来，把社区教育与乡土教育结合起来，围绕张谷英古村传统文化，开发了一系列"能者为师"特色课程，如"张谷英村的家训族戒""张谷英村的孝友故事""张谷英村的耕读故事""张谷英村的劝

孝歌""民间故宫张谷英村"等；还积极开办讲座，讲座不但面向张谷英镇的群众，也延伸至外来游客与研学的学生。2019年至今已举办了100余场讲座，听众达4000余人。

举办农村实用对联知识培训班

2. 开办传统文化学习班

2020年以来，在市、县、镇领导的指导支持下，学校在饶村、大明山村、芭蕉村、莲花湖村等10个传统文化学习体验点举办了30余期传统文化学习班，包括孝友文化培训班、传统家文化学习班、传统文化礼仪班等。学习的主题有"学习传统文化，传承孝友家风""传统文化概论""孝道""学传统文化，得五福人生""家庭五行定位"等。各乡村的学习班不仅人气旺盛，而且富有成效，特别是分享过程中，学员们踊跃发言，谈感受、谈意义、谈改变等，把学习班气氛推向高潮。学校还定期组织村民前往湖北、南京、广州等地学习传统文化，学员自发担任所在村的传统文化宣讲员。

开展"诗里故乡行"游学活动

3. 组织多项主题培训

学校定期发放培训调查问卷，制订具体培训计划，并认真组织实施。先后组织了涉及经济制度、市场信息、科普知识、文体卫生、计算机等内容的38个通用知识培训班，组织了楠竹养护、蔬菜栽培、葡萄栽培、油豆腐制作、农产品加工等15个农业实用技术培训班。学员包括党员干部、团员青年、家庭主妇、农业种植户等广大新老村民。

4. 开展文体健身活动

学校一方面积极配合镇党委政府新冠肺炎疫情防控工作，在各村组各社区宣传宣讲疫情防控的相关知识；另一方面积极响应党委政府的号召开展文体健身活动。先后组织200多人开展打门球，学练八段锦、太极拳、太极剑、太极扇等活动；2020年底组织选拔60多人参加全县太极年会和学生运动会以及全县门球比赛，均取得了较好的成绩；还组织开展诗联创作竞赛活动，获得了三等奖。

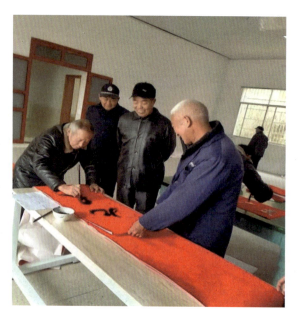

张谷英镇社区学校举办"送春联"活动

（四）坚持因地制宜，创特色社区教育品牌

张谷英镇社区学校坚持创特色、创品牌，积极传播古村传统文化，为张谷英镇的社会经济发展作出了积极的贡献。张谷英镇社区学校利用张谷英村旅游文化资源，坚持把服务群众作为社区教育工作的切入点，给村民带来了实实在在的利益，提高了村民办学的凝聚力和影响力。为了进一步推广"孝友文化"培训工作，学校打造了"乡村振兴大讲堂"品牌。大讲堂主要开展党史教育、疫情防控、家庭教育等公益讲座。如2021年3月在莲花湖村村部举办的"立足新起点，为乡村振兴而努力奋斗"公益讲座，由张谷英镇社区学校徐应民校长主讲，共产党员、村组干部、村民代表全部参加学习，3天参班学员累计560余人，获得了良好的社会反响。

三、成效贡献

张谷英镇社区学校通过开展传统文化培训班，提高了当地村民的整体素质，传播和发扬了张谷英村"孝友文化"，在当地掀起了一股学习传统文化之风。

传统文化培训班获得了良好的社会反响，先后被湖南电视台、岳阳市电视台报道。2018 年，张谷英镇社区学校传统文化讲师队伍被评为湖南省优秀学习团队。2019 年，张谷英镇社区学校被评为岳阳市老年教育示范基地，被湖南省教育厅评为湖南省老年教育学习体验基地。

　　未来，张谷英镇社区学校将继续走特色发展之路，积极打造传统文化培训品牌，不断拓展深化社区教育内涵，利用张谷英村优越的文旅资源、良好的教学环境，服务社会、服务村民，扎实做好村民培训工作，为张谷英镇实施乡村振兴战略作出积极的贡献。

整合社区资源，传承戏曲文化

——常德市"戏韵鼎城"项目实施工作回顾

一、案例背景

常德市鼎城区文化底蕴深厚，群众文化繁荣，自古以来就有"戏窝子"的美称。随着经济的发展、网络的普及、文化的多样性演变，传统戏曲面对各种现代文化的竞争，出现剧目失传和缺乏、人才断层严重以及观众结构失调等情况。戏曲如果不能展现它新的魅力，势必会被人们遗忘，更难说传承和发展。

"常德丝弦""常德花鼓戏"两项国家级非遗项目一直是鼎城区的文化名片，为了进一步推广鼎城戏曲文化，2013 年 3 月，鼎城区文旅广体局和鼎城社区学院联合实施"戏韵鼎城"社区教育实验项目，确定了"推广戏曲文化、弘扬正能量、培养传承人"的目标，制定了品牌推广传承、精选培养创作人才、常态演出强内功等一系列措施。一系列的实践，产生了广泛的社会影响，吸引到越来越多社区居民认识、了解、热爱传统戏曲文化，甚至参与到作品创作中来。目前鼎城区有 216 个民间职业剧团，相关从业者 3000 多人，受益群众达 10 万人。

二、主要做法

（一）创作表演，帅才领阵露头角

鼎城社区学院和鼎城艺术研究所经过几次研讨，确立了以编剧黄士元、作曲罗良哲、导演杨建娥为中心的"铁三角"组合。黄士元创作过硬，独具乡土气息的戏剧作品搭配花鼓戏、常德丝弦，深受群众喜爱；杨建娥导演技法高超，既保留了丝弦的传统特色，又能紧跟时代不断创新，还注意融合其他姊妹艺术品种的精华；罗良哲的曲子韵味十足，旋律优美，还能根据演员的嗓音条件写出适度音

域的旋律。这种组合能充分实现艺术民主，既发挥各人所长，又相互融合，因而佳作不断，屡获大奖。黄士元被评为国家一级编剧，享受国务院特殊津贴；杨建娥被评为国家级非物质文化遗产常德花鼓戏的传承人。

（二）精挑细选，创作培训育人才

有好剧本才会有好剧目。从2013年开始，鼎城社区学院和鼎城区文化艺术研究所联合开设"戏曲创作培训班"，从全区挑选、组织了一批对创作戏曲感兴趣的文学爱好者，聘请专家为他们系统讲授戏曲的有关知识。每次参加集中培训的人员多达100余人，他们中有农民、进城务工人员、政府公务员、退休干部、退休教师、自由职业者等，涵盖了各行各业，为鼎城戏曲的蓬勃绽放奠定了扎实的基础。黄士元戏剧曲艺创作工作室还采取组织研读会、侃谈会、剧本讨论、成员笔会、授课改稿会、外出学习培训、专题采风、现场观摩等方式，不断提高创作人员的创作水平与技巧。除了集中教学外，还对具有创作潜力的戏剧曲艺优秀文艺人才进行三年期的培训，促进骨干人才的专业成长，实现鼎城区戏剧曲艺传承的良性发展。

每周六在老西门的常态化演出

（三）常态演出，学习实践促成才

好剧目也需多磨炼。鼎城社区学院联合社会力量，让戏曲演出常态化，如每周五常德丝弦艺术剧院在常德大小河街演出，周六鼎城花鼓戏剧团在老西门演出，并且固定参加桃花源景区的大大小小的演出，这些演出不仅提升了演员的表演技能，吸引游客前来观赏，推广了戏曲文化，也为旅游地增添了文化底蕴，营造了文化氛围，将常德旅游推上了更高的平台。

三、难点突破

本地戏曲存在演艺人才良莠不齐、剧目陈旧等问题，如何让戏曲展现它的新魅力，让更多的人了解它、接受它、喜欢它，这是戏曲文化发展传承的关键与难点。为突破这些难点，社区学院采取了以下几项措施。

（一）严格日常内训，着重培养骨干

为了全面提升青年演员的表演技能，鼎城区文化艺术研究所每年都组织开展青年演员专业技能培训，每周20个课时，每位演员必须熟练掌握三门以上丝弦乐器；选派骨干参加全国性培训30多次。其中，章宏参加了全国文艺创作（曲艺）培训班学习，杜美霜参加了全国曲艺专家名家精品创作研修班的培训学习，童宏利、高洁、胡丽娟、汪丽丽等则赴深圳学习小戏小品曲艺舞蹈节目，灯光、音响专技人员王佳科到中央戏剧学院接受培训，剧团骨干还赶赴桂林，观摩学习《龙脊魂》《梦幻漓江》《印象刘三姐》等戏曲。

（二）创作新剧目，翻新老剧目

社区学院积极践行"以人民为中心"的创作原则，努力弘扬主旋律，讴歌正能量，唱响时代正气歌，创作了花鼓小戏《寸土不让》《谷酒飘香》，小品《王屠夫美容院》《一张站票》，大鼓《平安家园我守护》《鼎城春满园》《幸福中国一起走》等新剧目，极大地丰富了演出节目内容，获得了观众的一致好评。同时在继承戏曲优秀传统的基础上与时俱进，积极创新，运用高科技的声、光、音效，大胆借用现代的音乐伴奏和戏剧形式，翻新了传统花鼓戏《东川寻夫》《破镜重圆》《孟姜女》，常德丝弦《陈毅拜师》《曾子杀猪》等经典剧目，这些做法，不仅深受观众好评，更是得到专业人士一致赞誉。

（三）整合社区资源，全面推广戏曲文化

鼎城社区学院和鼎城艺术研究所整合社区资源，推广宣传戏曲文化，"戏曲下乡""戏曲进社区""戏曲进机关""戏曲进企业""戏曲进校园"等一系列活动全面展开。2013年7月，"戏曲下乡""戏曲进社区"开始启动，近到武陵镇，远到黄珠洲，推广足迹遍及全区40多个乡镇和社区，仅常德丝弦艺术剧院和鼎城花鼓戏剧团每年完成的戏曲演出就达300多场，受益民众近10万人。非遗传承人朱晓玲和杜美霜走进校园，推广戏曲文化，不但在校园表演戏曲、教习戏曲，激发孩子们对传统文化的浓厚兴趣，而且培养了100多个戏曲传承人。

在花船庙小学演出常德丝弦

四、成效贡献

（一）弘扬了正能量

传统的"礼义廉耻""忠孝节义""谦和礼让"等伦理道德与"扫黑除恶""反腐倡廉""扶贫攻坚"等政策宣传，通过戏曲的演出，不断渗透到居民的日常行为规范中，增强了居民的法律意识，提升了居民的道德素养，净化了社会风气，融洽了干群关系，广大人民群众的精神生活也更加健康丰富。

（二）培养了传承人

非遗传承人杜美霜和朱晓玲走进江南小学、芷兰实验学校、育才小学、淮阳中学等学校，给孩子们表演戏曲，并从表演环节入手开展教学，教孩子们唱常德花鼓戏与常德丝弦。戏曲讲座每年达 20 次，每次培训 50 人左右，总计近 1000 人参与培训。现芷兰实验学校、淮阳中学、江南小学、花船庙小学等 15 所学校已成为非遗传承基地，学校广泛展开非遗辅导活动，每月授课达 50 个课时，惠及学生 5000 余人，其中重点培养传承的已达 120 人。

（三）收获了荣誉

这些年，鼎城戏曲获得了多个奖项，仅黄士元先生发表和演出的就有大戏 8 部，小戏 25 件，曲艺 264 件，获得国家级省级大奖 49 次，如全国"群星奖""牡丹奖""飞天奖""曹禺戏剧奖""牡丹亭奖""田汉戏剧奖""五个一工程奖"，以及"映山红"戏剧奖等。其中，《瓜中情》《待挂的金匾》等获得文化和旅游部"群星奖"金奖，《枕头风》获得中国曲艺最高奖"牡丹奖"。黄士元戏剧曲艺创作工作室培养的骨干仅 2018 年、2019 年两年就共创作戏剧（曲艺）作品 237 个（件），其中小戏《谷酒飘香》在国家级专业刊物《戏剧》《曲艺》上发表；表演类获得国家级省级大奖 52 个，囊括"洞庭之秋""群星奖""金穗奖""牡丹奖"等大奖，如常德丝弦《枕头风》荣获第四届中国曲艺最高奖"牡丹奖"，常德渔鼓《书记抬轿》荣获第八届中国曲艺牡丹奖"提名奖"，《常德是个好地方》荣获巴黎首届中国曲艺艺术节"卢浮奖"。在马来西亚、老挝等国演出常德丝弦时，南洋最有影响力的媒体《新洲日报》还用"一颗明珠耀南洋"的新闻标题进行专题报道。

五、经验启示

（一）项目实施重在行之有矩

启动"戏韵鼎城"后不久社区学院就着手进行制度建设，制订了创作人才培养计划、演艺人才培优计划及不定期召开常态演出与旅游、政策相结合研讨会等，明确了各单位各部门工作任务，规范了创作培训班、演艺培优班、非遗传承人的教学内容和教学行为，以及写作人员和演艺人员的学习要求，规范了工作机制和流程，保障了"戏韵鼎城"正常长效运转。

（二）项目实施重在整合资源

鼎城社区学院与"戏韵鼎城"项目成员单位密切配合，通过开展的活动将戏曲发展传承的各项工作统筹起来。"戏韵鼎城"项目整合了社区资源（如文联、艺术研究所、文化馆、学校等），得到了政府在场地、人员、经费、资源等方面的保障和支持，在推动鼎城戏曲发展中发挥了不可或缺的作用，使得戏曲传承能够转化成各项落地的实践活动，保障了社区戏曲工作人员拥有稳定的工作阵地，使他们能在其中各展所能，持续合作。

（三）项目实施重在凝聚合力

"戏韵鼎城"的成功，非一家之力，而是各部门各方共同发力、协作共进的结果。首先，黄士元戏剧曲艺创作工作室、常德丝弦艺术剧院、鼎城花鼓戏剧团等戏曲团体主动作为，开展"戏曲下乡""戏曲进社区""戏曲进机关""戏曲进企业""戏曲进校园"的戏曲"五进"活动；其次，"帅才"与社区学院密切配合、开拓创新、有效合作，积极开展戏曲创新活动，赋予了传统文化新的魅力；再次，各社区积极提供经费、场地和人力支持，定期开展活动，积极推广戏曲文化，在戏曲文化丰富民众精神生活的同时，也为民众经济创收提供了一个好的平台。

六、后续举措

经过多年的实践，"戏韵鼎城"社区教育实验项目取得了较好成绩，达到了预期目标。今后，如何让"戏韵鼎城"项目更好地发挥它的作用，我们将从以下三个方面进行完善。

一是加强整合力度，实现高效运行。拟成立"鼎城区戏曲保护传承中心"，打造"一体两翼"高效运行模式，以鼎城区文旅广体局和鼎城社区学院为主体，以文旅广体局为龙头负责戏曲创作表演专业工作，由下属的区艺术研究所、黄士元戏剧曲艺创作工作室负责戏曲创作工作，由鼎城花鼓戏剧团、常德丝弦艺术剧院负责表演工作；以区社区学院为龙头负责戏曲传承推广统筹管理工作，以下属的社区学校、社区学习中心为主具体组织实施。

二是丰富传播途径，普及传承理念。除了采取集中面授等方式宣传普及戏曲外，我们将充分利用互联网开展戏曲传承活动，如利用"常德市终身学习网"开展戏曲理论网上在线授课；录制戏曲视频上传到网站，供居民学习欣赏；以慕课形式进行授课，让没有时间参与实地活动的居民，也可以通过网络自行选择学习内容、学习时间、学习地点进行学习。

三是创新戏曲教育，凸显核心价值。将尝试把本土的常德花鼓戏与常德丝弦与其他优秀戏曲种类进行有机融合，同时在内容上进一步植入社会主义核心价值观，创造出有良好社会价值的、为社区民众所喜爱的本土新剧曲。

古色新彩尧天，传承乡土文化

——常德市鼎城区尧天坪镇民间文化发展探索

一、案例背景

尧天坪镇位于常德市鼎城区西南部，荆楚文化和蛮苗巫傩文化在此交汇碰撞，形成了特色鲜明的地域文化、竞技文化和体育文化，拥有省级非遗项目"龙灯"和市级非遗项目"地花鼓""巫舞"。为进一步推广和弘扬尧天坪民间文化，打造尧天坪文化教育品牌，真正实现"教育为民，教育惠民"，2015 年 2 月，鼎城社区学院和鼎城尧天坪社区学校联合实施"新彩尧天"社区教育实验项目，确定了"以文化促进民风、以文化传承艺术"的项目目标，制定了"打造民俗文化、发展民间艺术"的实施策略，并取得明显成效。

二、主要做法

项目成立之初，尧天坪政府与鼎城社区学院、尧天坪镇社区学校沟通确立项目由尧天坪政府主办，鼎城社区学院策划统筹，尧天坪镇社区学校具体实施，尧天坪镇各部门积极参与。并制定了严格的规章制度，整合社区资源，全面推进项目实施，主要做法如下：

（一）开展文化交流，丰富文化活动

2015 年以来，尧天坪镇社区学校与草坪社区学校、周家店社区学校开展文化交流 28 次，共同探讨本土文化的发展；与湖南科技大学、湖南文理学院、大雅音乐学校和常德花鼓剧团联合，举办文艺交流活动 58 次，聘请专家讲课 320 课时，引领全镇 69 个文化团体的演艺水平向专业方向发展。

尧天坪镇社区学校经常开展群众喜闻乐见的各种形式的活动。2016 年开始的尧天坪群众文化艺术节，至今已经成功举办了五届；亲子民俗艺术节已成功举办三届；刺绣已举办三次展览；剪纸已举办两次比赛；尧天坪诗词协会已成功编辑出版了两部《尧天雅韵》图书；建党 100 周年期间，尧天坪镇社区学校开展了"迎建党百年"主题的诗词、书画、剪纸、摄影、龙狮大赛等一系列活动。

尧天坪镇第五届民间文化艺术节选拔赛

（二）弘扬民间文化，打造文化品牌

在鼎城社区学院和尧天坪镇社区学校的帮助下，尧天坪镇成立了龙灯协会、诗词协会、地花鼓协会、九子鞭协会等民间艺术协会，使众多松散民间文化艺人成为有组织、有规章、有经费、有成效的团体成员，并邀请省、市行业名家对 200 多位尧天坪本土"文化能人"进行培训，这些"文化能人"中很多都是民间艺术团的领头人。

尧天坪镇社区学校从 2016 年 8 月开始组织开设"民间艺术培训班"，包含有龙狮、地花鼓、民间小调、九子鞭、声乐、打击乐等培训班，由龙狮传承人文麦秋，地花鼓传承人周家瑞、能泽英等民间文化大咖传授技艺，感兴趣的居民可随到随学，累计培训乡土艺人 5000 多人次。此外，还组织传统工匠艺人开班收徒，传授龙头、狮头、采莲船、蚌壳及草龙等民间艺术品的制作技艺。

尧天坪民间文化艺术协会经常组织演出，演出队到周边的桃花源、花岩溪、柳叶湖等热门景区为游客献艺，参加常德市春晚、柳叶湖龙舟赛开幕式等活动，以及到大小河街、老西门、沅江风光带、万达广场、桃花源古镇等地开展活动。2019年7月，协会二龙二狮应邀赴长沙参加了"中国龙狮运动协会第四届全国代表大会"入场仪式，精彩的表演获得好评。

市级龙灯传承人文麦秋到中学教学

（三）从娃娃抓起，发展民间文化

民间文化艺术贵在传承。为确保传统艺术后继有人，尧天坪镇社区学校打破以宗族为主体的传统模式，倡导民间文化艺术进校园，紧抓幼儿、小学生、中学生技艺培训，建立了一支日趋庞大、技艺超群的民间文化艺术管理研究和培训团队。幼儿园至三年级的小朋友利用"六一"、元旦前夕的技艺会演排练舞龙舞狮节目，四至八年级学生利用每周二、四下午的社团活动学习舞龙舞狮。地花鼓、九子鞭、蚌壳舞、采莲船、地方戏、剪纸、刺绣等民间技艺也先后走进校园，这些民间技艺不仅丰富了校园的社团活动，更是传承了尧天坪的民间文化。尧天坪镇社区学校还安排专员统筹尧天坪民间文化进校园的相关事宜,在各位传承人的帮助下,打造具有鲜明特色的《民间文化艺术》教科书,人人有特长,班班有特色,让中华优秀传统文化艺术在广大青少年学生中得以传承。

三、难点突破

(一)党委政府高度重视,解决经费痛点

尧天坪镇党委政府十分重视民间文化艺术工作,在财政十分吃紧的情况下,仍坚持安排每年 100 万元的专项预算用于文化建设,其中 20 万元用于文化活动培训、交流、奖励,20 万元用于民间文化艺术的传承保护,60 万元用于服装、装备更新。目前已经建立了可容纳 2 万多人的宽敞亮丽的文化广场,建有设施齐备的多功能尧天坪大舞台、尧天坪农民文化宫等相关文艺基地。

(二)部门团体共同参与,破解素材难点

鼎城社区学院和尧天坪镇社区学校积极联系区内各部门,组织各民间团体围绕工作出素材出作品,如计生部门的《六姨妈猜嫁妆》《生与不生》等作品已成为辐射周边区、乡镇、村,为广大村民津津乐道的脍炙人口的好作品;政法部门的《神仙烟祸害了一方人》《上访有瘾》《赌博危害一方乡亲》等文艺作品获村民好评;环保方面的《环境整治我有责》《生态文明我的家》《谁不说俺家乡好》等节目及"美丽乡村行"专题片,助力了尧天坪镇生态文明建设,尧天坪镇连续五年荣获全市"美丽乡村"荣誉称号。

(三)传统文化融入现代科技,疏通传播堵点

鼎城社区学院和尧天坪镇社区学校把现代文化、传统文化、特色文化与网络结合起来,网络成为传播的重要载体,宣传与展示尧天坪民间团体,让更多人了解、喜欢、参与、享受文化带来的喜悦,共建、共享文化成果,从文化助推乡村振兴中获得幸福感。2016 年以来,鼎城社区学院和尧天坪镇社区学校不断收集民间艺术相关的资料和著作,整理汇编成教材,并完成民间文化艺术普查资料 12 万字,制作光盘等影音资料 38 盘。

四、成效贡献

经过几年的实践，逐渐形成了尧天坪大舞台、尧天坪农民文化宫、尧天坪农民文化艺术节等多个深受村民喜爱的文化教育品牌。迄今为止，共培育民间艺术团体 69 个，民间艺术团队的参与人数达到了 6000 人，团队演出收入突破 300 万元，艺人年人均演艺收入突破 3 万元。

（一）激发乡村文化活力，树立淳善新民风

从 2015 年项目实施以来，各种民间文化的宣传成为民风好转的有力抓手。居民老有所乐，剪纸造龙，传授民间技艺；少有所学，学习技艺，继承民间文化艺术衣钵；壮有所为，龙腾狮舞，演绎民间技艺勇创收；闲有所学，借阅图书，增长技能。社区居民关系水乳交融，尧天坪镇连续五年获区社会治安综合治理先进单位。

（二）文化产业精准扶贫，开拓致富新途径

"将军故里"红色文化品牌的创建丰富了尧天坪镇的旅游产业，而当地的民间文化的蓬勃发展，更是为尧天坪振兴乡村经济提供了新的发展途径。尧天坪镇喜洋村曾是省级贫困村，地处偏僻，山林众多，缺乏产业发展的有利条件，但有着深厚的民间文艺底蕴，群众参与民间文化热情高。结合喜洋村的实际，发展民间演艺产业成为这个村子脱贫攻坚的重要手段。2016 年 7 月，喜洋村成立了"喜洋村民间艺术团"，村支书文麦秋担任领头人，将村里的文艺精英归拢统一，组织了 4 个龙队和 1 个狮队，通过"喜洋村民间艺术团"平台开展演艺活动。艺术团的收入除了分配给成员外，还拿出一部分进行成员培训、更新道具等，实现艺术团的良性发展。除了成立艺术团，村里还组织相关艺术培训，有兴趣的村民可随到随学，扩大了演艺队伍。传统工匠艺人传授制作龙头和狮头的技艺，产品除满足本乡本村龙狮队外还供外销，逐步形成相关产业链，为村民致富提供了一条有效途径。

（三）群众文艺繁荣发展，文明建设结硕果

近年来，随着民间文艺的繁荣发展，尧天坪镇取得了一系列文明建设成果，打造了尧天坪乡村文艺品牌。2015年6月，组织六龙六狮共120余人的表演队伍，代表湖南省赴北京参加中国农民艺术节开幕式表演及专场演出，获得了表演"金粹奖"。2016年，尧天坪中学130名学子在常德市第十一届中学生田径运动会开幕式上进行了气势恢宏的龙狮表演。2017年，中央人民广播电台"爱在乡村·走进鼎城"大型文艺演出在沅江风光带激情唱响，尧天坪镇喜庆欢快的龙狮表演为演出拉开序幕。2017年，尧天坪中学成功申报为"中华优秀传统文化艺术传承学校"。2018年，参加湖南省第九届全民健身节暨"舞动中国"排舞联赛获得了二等奖。2018-2020年，尧天坪民间文化艺术团参加由市区主办的"百团大赛"并获得区一等奖、市一、二、三等奖。尧天坪镇连续三届被文化和旅游部授予"中国民间文化艺术之乡"光荣称号。尧天坪诗词协会在国家级期刊《中华诗词》省级期刊《湖南诗词》各发表一首和三首，在市级《常德诗词》期刊发表诗词一百余首，在正扬网、红网、常德论坛、善卷书香等主流媒体发表了几十首，出版《尧天雅韵》。

非遗融入新时代社区教育

—— 益阳市资阳区湖南省非物质文化遗产项目的探索与实践

一、案例背景

湖南省益阳市资阳区是益阳的"母亲城"，历史悠久，物产丰饶。资阳丰富的自然资源和文化积淀，孕育了省级非物质文化遗产项目——洞庭木雕。作为洞庭木雕的市级代表性传承人，王庆云师承民间老艺人李楚才和双艺大师张志君，他钻研木雕艺术28年，积极推动非物质文化遗产洞庭木雕有机融入群众精神文化生活，建立洞庭木雕传承学习体验基地，包括洞庭木雕非遗传习所和洞庭木雕非遗工坊，充分发挥基地的艺术辐射作用，促进洞庭木雕的创造性转化和创新性发展，增强了群众对传统文化的认同感。

二、主要做法

（一）多维度提升艺术体验感受

1.打造洞庭木雕非遗工坊和传习所

洞庭木雕作为非遗项目，具有其鲜明的特色，它融合浅浮雕、深浮雕、透雕、圆雕等雕刻技法，雕刻灵动、活泼，具有极强的艺术魅力。2022年6月，资阳区洞庭木雕非遗工坊成立。工坊中既有木雕制作流程的展示，也有木雕作品欣赏，还有手工木雕体验项目。为了满足更多木雕爱好者学习和深入体验的愿望，基地建立了洞庭木雕非遗传习所，一方面加强了与艺术院校学生的专业交流，另一方面满足了中小学生研学短期培训的需要。通过非遗传习，培养了一大批洞庭木雕艺术的爱好者。

2.提升木雕技艺参与体验效果

在洞庭木雕非遗工坊中，群众和游客既可以了解洞庭木雕制作流程，可以购买精美的木雕艺术品，还可以亲自动手，在木雕师傅的指导下，通过构思立意与选材、过稿、打坯、细雕、修光、打磨、刷漆等七个主要步骤，自由制作作品，感受传统文化的魅力，多维度的体验，让群众喜欢参与，乐于传承。在洞庭木雕传承学习体验基地有数十种木材，可以看、可以摸、可以闻，来基地参与体验是名副其实的感官之旅。在非遗工坊木雕作品展示区，可以看到体现福、寿等传统文化的作品，也可以看到体现奉献、担当等时代精神的作品。有的作品古朴天成，有的作品大气磅礴，精美的雕刻技艺令人惊叹。在 DIY 区域，学习者可以充分发挥自己的想象力、创造力，量身定制木雕艺术品。基地成了许多群众学习的首选地和游玩打卡地。

带徒授艺

3. 加强专业学习交流

洞庭木雕传承学习体验基地是艺术家和艺术爱好者的交流活动空间。先后接待了湖南凤凰、湖南工艺美术职业学院等地区和学校的木雕艺术家和学生在此交流、学习。定期开展木雕创作、木雕研学、木雕培训、木雕作品展览、非遗体验等服务，为木雕学习交流提供了良好平台。

湖南工艺美术职业学院木雕班全体学生现场体验

（二）多角度促进艺术赋能

1.赋能研学旅游

文旅融合，将基地纳入益阳市两条研学旅游精品线路。其一为丰堆仑革命旧址—皇家湖实践基地—紫薇村—洞庭木雕传承学习体验基地，主打红色、绿色、古色文化。其二是张家塞乡甜酒—洞庭木雕工坊—富民村擦菜子—青钱柳基地，主打环洞庭湖文化体验。基地的加入极大地丰富了两条路线的体验内容。

2.赋能廉洁教育

在"奋进新征程，建功新时代"资阳区2022年"遇见新资阳"美术、书法、摄影作品展中，基地以"廉洁资阳"为主题打造的板块，通过木雕荷花等清廉意象生动宣传了廉洁理念。创作"清廉"木雕参加全市廉洁公益广告比赛，并荣获二等奖。提炼资阳区治水专家王恢先家风廉洁元素，创作系列木雕作品，打造廉洁文化空间，宣传廉洁典型。

2022年"遇见新资阳"清廉资阳展览

3. 赋能助残创业

基地为益阳市残联组织的青年残障人士开设创业课，辅导罗棉清、文胜军等人参加湖南省第七届残疾人职业技能竞赛，其中罗棉清获木雕项目三等奖。

（三）多方位加强社区互动

1. 文化空间融入新生活

基地在鹅羊池社区协园巷设置艺术长廊，专设洞庭木雕展厅，每天对居民免费开放，让群众茶余饭后可以自由徜徉于木雕艺术空间，增强了艺术育人的感染力。在张家塞乡富民村，为村民制作的洞庭木雕古朴门牌与环境融为一体。基地在三星村延伸打造的清廉乡村新典范洞庭木雕产业园和廉洁文化长廊，得到了益阳市委常委、市纪委书记欧阳艳充分肯定，他要求创新发展洞庭木雕非遗文化产业，打造廉洁文创产品，丰富优质产品供给，在润物细无声中教育引导干部群众学习"鱼游上水，鸟争头风"的踔厉奋发精神和"茄子不开虚花，做人不说假话"的实干笃行精神，助力乡村振兴。

市纪委书记欧阳艳在张家塞乡三星村调研

2. 传统文化融入新时代

一是加强非遗宣传。精心布置展台参加2022年"文化和自然遗产日"益阳市宣传展示主场活动暨第三届益阳非遗购物节、"艺心向党·礼献百年"2021湖南省工艺美术精品展、2021湖南文化旅游产业博览会、2022年益阳市文化科技卫生"三下乡"集中示范活动等，有力地宣传了洞庭木雕非遗项目。

二是助力节庆活动。在"古韵古城 资水资阳"国庆美食文创百乐汇等活动中，基地用精美的木雕艺术作品为节庆增加了人气，也提高了自身影响力，让群众爱上了洞庭木雕。

三是丰富传统节日。基地参加了"益山益水益美益阳"益阳首届"中国年"文化旅游节暨2020"我们的节日'春节'大型'湘'级年货节"、"启航新征程·幸福中国年"2023年全国"村晚"示范展示活动——山乡新巨变·文化过大年清溪"村晚"、2023年春临紫薇元宵喜乐汇等文化活动，营造传统文化氛围。

3. 公益活动融入新担当

为助力抗疫，基地创作了木雕作品《天使的手印》并赠送给益阳援沪中医医疗队，用艺术力量致敬抗疫英雄，有力弘扬了社会正能量。

三、难点突破

（一）突破运营资金瓶颈

作为省级非遗项目所在地，基地目前获得的政府政策的资金扶持不多。通过传承人组织开展研学旅行活动、销售文创产品等方式创收，解决了基地场地租金、日常运营等费用问题。近年来，每年到基地参与体验、学习、游玩的达几千人次，为基地正常运营提供了有利条件。

（二）引领基地健康成长

基地积极响应《中国传统工艺振兴计划》等文件精神，创新思路，进一步开展与湖南师范大学、湖南工艺美术职业学院、益阳开放大学等单位合作，积极对接乡村振兴和文化旅游需求，打造相应项目。短短几年，从个人小作坊发展到集培训、旅游、工坊为一体的基地，社会影响不断扩大。

（三）注重借力宣传引流

为了提高社会知晓度，基地利用微信、抖音、视频号等网络方式推广洞庭木雕起到了一定宣传效果。积极参与区内文旅等热点活动，引发媒体报道，如湖南广播电视台、益阳电视台、益阳日报、健康天地和教育周刊等多家媒体争相报道基地工作。注重区内融媒体中心、区文联、区文化馆等政府平台的运用，各平台对基地专门进行宣传引流推广，使基地在社会上产生了广泛影响，社会关注度不断攀升。

四、成效贡献

（一）赢得政府及相关部门高度认可

基地对非遗艺术传播和发展的矢志坚持赢得政府高度认同。基地被评为市级非遗工坊示范点，纳入全市非遗传承学习体验基地。基地负责人王庆云 2022 年被市总工会授予"益阳工匠"称号、获得"五一劳动奖章"。省政协秘书长等领导调研后，对洞庭木雕给予充分肯定，鼓励基地创作更多好作品，为家乡发展助力。益阳开放大学相关领导到洞庭木雕基地考察调研，对洞庭木雕传承人表示充分肯定，希望进一步合作开发系列木雕课程。区人社局和区残联还把木雕列入技能培训内容。

省政协秘书长邓群策在资阳区协园巷调研

（二）激发群众对传统文化的热爱

基地丰富的艺术体验吸引了众多粉丝。洞庭木雕传习所每年培训来自大学和中小学校的学生数千人。坚持在大型文旅活动搭台，如在节庆活动、非遗日、美食节、文化下乡等活动中，基地的木雕展台成为常客，接待游客数万人次。基地在社区设置的文化走廊等深得群众喜爱，丰富了群众精神文化生活，提高了艺术品位。

（三）拓宽洞庭木雕艺术发展之路

非遗艺术不应局限于保护，更应创新发展。基地积极做洞庭木雕艺术的传播者，注重将这一艺术渗入教育、旅游产业，服务社区群众，吸引更多人争做非遗文化艺术传播和发展的践行者。长沙女子学校祁欣羽、武汉大学孙琪、西安大学张晶等学生都被洞庭木雕艺术深深吸引，选择洞庭木雕艺术作为自己论文研究的主题。

五、经验启示

（一）继承创新把洞庭木雕发展推向新高度

基地一方面深挖木雕作品的吉祥寓意和深厚的文化底蕴，保持洞庭木雕艺术所蕴含的传统文化的优秀内核;另一方面不断创新雕刻法,与百姓需求接轨,开发更多能够进入群众学习和生活的文创产品;还借力文旅教育,丰富体验环节,让木雕艺术更好地走进百姓,使这个古老的艺术焕发新的艺术光彩,既可陶冶情操,又可丰富生活。

(二)融入生活让文化塑心拥有新途径

基地打造的"艺术走廊"位于资阳区政协所在的协园巷右侧,以前环境比较脏乱差,资阳区政协出资将这里提质改造后,洞庭木雕、套色剪纸和漫画等元素进驻,瞬间提升了小巷热度,前来参观的市民开始变得越来越多,使这里成了网红打卡点,也让这里的居民更加爱护环境,讲究卫生,素质得到了提升。

六、后续举措

(一)继承传统,实现赋能创新

洞庭木雕基地在传承历史文化的同时,将进一步积极探索创新与赋能路径,一方面继续开发市场化产品,将机器与手工相结合,实现规模化生产和个性化定制两条腿走路;另一方面主动融入乡村振兴的时代旋律,为地域特色经济发展作出积极贡献。

(二)融合发展,扩大品牌效应

加强作品创作,提升作品艺术性,进一步提高知名度。将基地发展和旅游、教育、展会经济等有机结合,互融互通。开发洞庭木雕艺术课程,通过开展社区培训、技能培训等途径,培养技术人才,为洞庭木雕传承提供新鲜"血液",力争把洞庭木雕产业做大做强。

(三)丰富提升,激发平台作用

丰富提升基地的平台功能,组织策划高水平木雕艺术交流会,通过参展、参赛、教育等方式进一步扩大洞庭木雕的影响力,鼓励和引导社区居民欣赏木雕艺术,提高审美能力,支持洞庭木雕事业发展。

古窑新作

——湖南省益阳市羊舞岭窑陶瓷烧制技艺探索与实践

一、案例背景

　　湖南古城益阳，山川秀丽，风光旖旎，这座美丽的湘北古城曾经孕育过一个历史悠久且器物繁盛的古窑——羊舞岭窑，它在 20 世纪 80 年代就被列为省级重点保护文物，2013 年被评为国家重点保护文物。成立于 2016 年的益阳羊舞岭窑陶瓷艺术研究发展有限公司是羊舞岭窑项目的保护单位，多年来，它组织非遗传承人史一墨，带领史年春、文婕、文乐等一批工匠，对羊舞岭窑的陶瓷创作技艺进行深入挖掘，潜心研究和创新发展，诞生了一批又一批古窑新作和艺术佳作，连续获得中国工艺美术的最高奖和中国陶瓷行业的最高奖。为了更好地传承羊舞岭窑陶瓷烧制技艺，公司创办了羊舞岭窑传习所，并与湖南城市学院校企合作，联创非遗传承推广实训基地和产学研用示范基地，开创了非遗传承发展育人的新模式，成功申报了省级课题《基于文化复兴大背景下的非遗技艺传承，打造工匠精神》，获评湖南省终身教育品牌。

二、主要做法

（一）以体验式教学传播非遗技艺

1. 在高校开设非遗课程

　　在湖南城市学院开设了羊舞岭窑陶瓷烧制技艺选修课程，每周三下午上课，每学期选修此课程的学生达一百余人。每学期还至少举办一场专题讲座，以此提高大学生的艺术鉴赏能力及动手能力。

227

2. 对接学校深化产教融合

传习所与学校联合创办的非遗传承推广实训基地和产学研用示范基地，致力于非遗的传承与发展，注重大学生专业实践能力和创新创业素质的培养和提高，积极探索校企合作育人的新模式和新机制，在不断推动高校创新创业教育成果转化和产学研用方面起到了一定的作用。

3. 面向社会开展培训开放活动

节假日期间面向青少年开展羊舞岭窑陶瓷烧制技艺社会实践活动，针对不同的年龄层次设置不同的学习内容，让孩子们通过参观和体验式学习，在自己动手的过程中体验书法、绘画、拉坯成型、雕塑艺术等精髓。活动不仅传承了羊舞岭窑陶瓷烧制技艺，也激发了学生们的艺术潜能，培养了他们的工匠精神。

羊舞岭窑陶瓷烧制技艺传习所展厅

（二）以艺术赋能助力"乡村振兴"

1. 举办各类培训

在暑假期间举办益阳市博物馆扶贫国学夏令营和民政局非遗扶贫工程等针对

困难孩子和孤儿的培训，打开了这些孩子们的心窗，提高了他们的艺术修养。

2. 积极参与"乡村振兴"

以瓷代纸，深入生活，表现农民、歌颂农民、服务农民，给农民带来丰富的文化、艺术、精神生活，帮助乡村建设、文旅开发，助力产业发展，推动乡村振兴。如今，益阳市资阳区张家塞村、安化的黎坪村、南县的白吟浪村，都将羊舞岭窑的瓷板画融入了美丽乡村建设，得到了领导和群众的赞赏与认可。

（三）让"羊舞岭窑"走进千家万户

1. 打造非遗文创产品

积极参与"国潮年货节"，文创产品"瑞虎呈祥"和"财神驾到"一上线"芒果云平台"就广受百姓喜爱与追捧，并开发生产了"茶子花开"系列茶具，荣获了湖南省文化旅游商品金奖。非遗传承人史一墨先生的瓷板画《洞庭魂》荣获了四年一届的中国陶瓷艺术大赛铜奖，个人获得了益阳"五一劳动奖章"和"益阳工匠"光荣称号。在2022年益阳市文旅融合发展工作中业绩突出，被授予"突出贡献奖"。

2022 年益阳五一劳动奖章颁奖晚会

2. 进行多样化宣传推广

羊舞岭窑非遗传承人史一墨先生一方面搜集与整理大量的羊舞岭窑历史文化资料，开展羊舞岭窑理论研究；另一方面，致力于助推文化联动，原创了羊舞岭窑情景歌舞《窑火情》，采用益阳弹词基调旋律，将羊舞岭窑故事与益阳弹词两个非遗融合起来。《窑火情》在益阳"五一"劳动节颁奖晚会上成功首演，获得了领导与群众的一致好评。2022年，史一墨工作室还积极参与"喜迎二十大 文旅助振兴"益阳市春季乡村文化旅游节活动，向更多的人展示羊舞岭窑独特的韵味与美。

三、难点突破

（一）政策资金层面

益阳羊舞岭窑传习所目前场馆的场地租金、日常运营、维护等开销均靠自身与各方社会公益力量支持。在此情况下，仍正常运营且坚持免费开放。这一方面得益于史一墨工作室团队在文创产品开发、线上产品营销中所做的努力，另一方面得益于社会各界对羊舞岭窑的文化和艺术价值的认同及对相关工作的支持。

（二）宣传推广层面

羊舞岭窑非遗传习所一直以来高度重视传播工作，通过多种途径提升这一非遗项目的平台曝光度，比如入驻雅昌艺术网、公众号栏目不断推陈出新等，使得阅读量与关注量持续攀升。读者在欣赏艺术作品的同时还能学习到其背后的美学原理与经典的艺术故事，引导人们发现美、创造美。

四、成效贡献

（一）各方评价不断提升

益阳市政府对羊舞岭窑非遗传习所的筹建与发展给予了充分的肯定。湖南城市学院的领导对羊舞岭窑传习所这种民营非营利性机构将艺术带进学校、带进乡村、带到老百姓身边的方式非常赞赏并积极配合。益阳开放大学对传习所通过社区教育培训方式积极推广与宣传羊舞岭窑陶瓷烧制技艺，高度认同并一起开展工作。

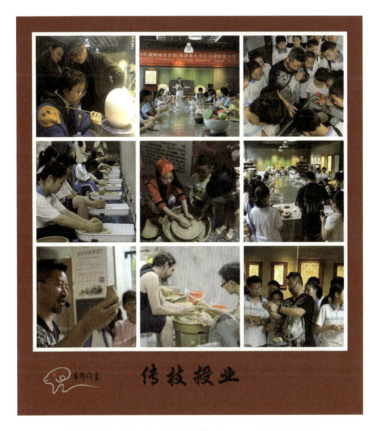

羊舞岭窑陶瓷技艺传技授业之日常教学场景

（二）惠及群众数量不断增加

羊舞岭窑传习所免费向市民开放羊舞岭窑古陶瓷参观通道，通过讲解传播推广羊舞岭窑古陶瓷文化，促进了市民对本土文化的认识与了解，也增强了益阳人的文化自信。羊舞岭窑传习所现在成了艺术网红打卡地，前来参观的艺术爱好者络绎不绝，参与活动的市民纷纷表示通过参观，感受到了中国传统文化的魅力，为益阳有这样一个千年古窑而自豪。这些活动总的来说取得了良好的社会效益，既宣传了古窑文化，又促进了益阳地域文化的推广。

（三）社会影响不断提高

羊舞岭窑非遗传习所自对外开放以来，被中国新闻网、湖南卫视、湖南经视、红网、长沙晚报、潇湘晨报等多家媒体竞相报道。传习所在自媒体平台如抖音视频、华声在线等的表现也很亮眼，许多网络红人与专业摄影团队都来此地取景打卡。

五、经验启示

（一）深耕技艺，"活态"传承非遗

以陶瓷世家史氏第六代传人史一墨等为代表的非遗文化传人，带领史年春、文婕、文乐等人多年来致力于研究羊舞岭古窑技艺，对整个羊舞岭窑的历史了然于心，技法也日臻娴熟，同时不断与时俱进，守正创新。他们满怀对湖湘土地的一份深情，经过二十多年的广采博学、潜心研究，将羊舞岭窑的千年窑火越烧越旺，打造了一批又一批的艺术珍品。

（二）艺术赋能，助力高校发展

羊舞岭窑传习所的工作也为湖南城市学院的发展添砖加瓦。城市学院的学生在基地进行大量的实践学习，不仅初步掌握了羊舞岭窑陶瓷烧制技艺，培养了工匠精神，更在通过艺术活动进行艺术疗愈、心理抚慰方面取得了成效，基地连续获评省社科联的优秀基地。同时，在传习所的推动下，还成立了城市学院大学生创新创业的孵化基地和大学生创新创业创富的"文创超人团队"，培养了一批学生学文创、做文创、带货直播销售文创产品。这些新颖的创业模式赢得了省教育厅和系统双创评选组的一致好评。

（三）以艺为媒，对话广阔世界

2022 年，羊舞岭窑陶瓷艺术研究发展有限公司参与益阳南站文化建设，创作了大型陶瓷壁画展示益阳地域文化和自然风貌，不仅表现了益阳非遗艺术的文化特征，更是彰显了益阳非遗的文化力量。同时，积极借助现代"互联网＋电子商务"进行直播，为羊舞岭窑的新发展助力造势。另外，羊舞岭窑陶瓷文化还起到了与世界对话的纽带作用，传习所成了来益阳的游客的"必打卡地"。今年除了有 62 位来自德国的华裔青少年参加的夏令营在基地开展"寻根之旅"，还有美国、加纳、加拿大等十多个国家和地区的客人相继来羊舞岭窑参观学习，目前

累计近 3000 人次。"一瓷一中国（羊舞岭窑陶瓷艺术传承）"荣获湖南省"终身学习品牌项目"。

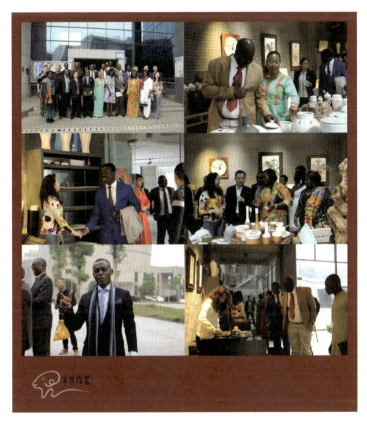

加纳代表团来羊舞岭窑陶瓷技艺传习所访问交流

永兴县大布江拼布绣技艺传承培训

——永兴县社区学院工作实践

一、案例背景

大布江拼布绣起源于汉代，是一种原生态造型艺术，主要是由各种碎布拼绣而成，有着独特的表现技法和艺术语言，其特点是构图饱满，用色大胆，造型夸张，针法技法巧妙多变。拼布绣图案表达了人民对美好生活的祝愿与祝福。现代的大布江拼布绣大师秉承传统的表现手法，同时借鉴了其他艺术种类如版画等的表现方式，采用现代美术的设计理念，在熟练运用传统意象的基础上，将其与时尚、高端的挂画艺术和其他现代生活用品相融合，创作出了能融入当代生活的拼布绣作品，并多次获得国际奖项，使大布江拼布绣走出了大山，走向了世界。2012年，大布江拼布绣成功入选湖南省非物质文化遗产，并列入省级非物质文化遗产保护名录，现在正在申报国家级非物质文化遗产。

2015年，永兴县在永兴电大工作站加挂永兴县社区学院的牌子，自此，永兴县社区教育开始得到蓬勃发展。为了紧扣区域特色，丰富社区教育内容，助推永兴经济社会发展，永兴县将大布江拼布绣技艺传承培训纳入社区教育范畴，并作为社区教育的一大特色内容，广泛加以宣传推介，使大布江拼布绣这项"古色"技艺实现了"五进"，即进家庭、进机关、进社区（街道）、进学校、进企业，并且成为永兴县家喻户晓的一项传统技艺和一大独具特色的文化产业，对永兴的社会经济发展起到了推动作用，得到了湖南日报、郴州日报等纸质媒体，以及网络、电视等媒体的宣传报道。

二、主要做法

（一）建设永兴县大布江拼布绣课程资源

为更好地传承和推广永兴县大布江拼布绣这项具有"古色"的非物质文化遗产技艺，永兴社区学院将永兴县大布江拼布绣纳入社区教育内容，与传承人何娟签订协议，制作了六个大布江拼布绣课件，分别为永兴大布江拼布绣微课、永兴大布江拼布绣传承技艺微课、永兴大布江拼布绣手提包制作视频课件、永兴大布江拼布绣小香包制作视频课件、永兴大布江拼布绣小红军衣钥匙包制作视频课件、永兴大布江拼布绣抱枕制作视频课件。其中，前两个微课在2018年第三届全国社区教育优秀微课程评选中获三等奖。通过邀请传承人何娟及大布江拼布绣制作能手加入学校工作团队，运用这些课程资源，采取线上线下相结合的方法，开展教育教学活动，在广大社区居民中掀起了学习大布江拼布绣技艺的热潮，并且通过各种渠道，将大布江拼布绣技艺宣传推介到了市省、全国，乃至国外。

（二）开展多种大布江拼布绣技艺学习培训活动

一是举办大布江拼布绣技艺学习培训等活动。通过举办社区无业妇女、留守老人及未成年人周末大布江拼布绣培训班等方式，让大布江拼布绣这项"古色"技艺传承延伸到了街道社区。在未成年人周末培训班，老师讲述了大布江拼布绣的起源与发展及其特征和针法，并现场展示了目前热销的创新产品和系列文创产品，让学生近距离地感受拼布绣艺术的魅力，激发了他们对拼布绣艺术的兴趣，收获一致好评。

二是把大布江拼布绣融入社区红色教育。永兴大布江拼布绣培训班通过绣"半条被子"故事图案、绣五星红旗、军帽、军服、草鞋等许多具有红色纪念意义的手工作品和绣国防心等活动，培养了居民的爱党爱国情怀和民族忧患意识。

三是建立大布江拼布绣"爱心传承"基地。2015年、2016年、2018年大布江拼布绣传承人何娟分别在人民路社区学校、郴州永兴特殊学校、郴州香草园基地成立了"爱心传承"基地，基地可以更好地服务于社会、服务于居民。

四是开设社区老年大学大布江拼布绣学习班。社区老年开放大学在本部及人民路社区学校开设了大布江拼布绣学习班，学习班为满足老人学习大布江拼布绣技艺的需求提供了条件。

五是大布江拼布绣技艺进课堂。永兴县还在中小学普及大布江拼布绣这项传统非遗技艺，培养学生的动手能力与劳动技能及对非遗艺术的热爱。2022年9月14日，永兴县红旗实验小学开展第22个"传承红色基因 增强国防意识"非遗传承国防教育日活动。永兴县大布江拼布绣技艺师傅与孩子们一起用碎布一针一线的拼绣了"半条被子"的故事。

（三）举办大布江拼布绣作品和技艺展示及作品售卖活动

一是在活动中展示、售卖。永兴县每年4月召开全县社区教育工作部署会，10月或11月举办全民终身学习活动周启动仪式，在这两个活动现场都会举办大布江拼布绣作品、技艺展示及作品售卖活动。永兴县还经常在举办各种大型会议及节庆活动时，进行大布江拼布绣传统手工艺的作品展示。此外，各社区还会在节假日将大布江拼布绣及其他书画等作品置于公园、广场进行展示、售卖等，宣传推介大布江拼布绣等艺术。

二是以"走出去"的方式进行大布江拼布绣技艺传授。为了更好地宣传推介大布江拼布绣这项非遗文化产业，让永兴以外的人了解这项民间手工艺，传承人何娟老师前往湖南师范大学工程与设计学院进行大布江拼布绣传统手工艺的作品展示及技艺教学。

三、成效贡献

永兴县大布江拼布绣技艺自被纳入社区教育后，在服务社区、助力社会治理、助推经济社会发展方面发挥了积极的作用。

（一）学习培训，助力了大布江拼布绣的传承与发展

大布江拼布绣本是一种濒临绝迹的文化遗产，自从被纳入社区教育内容后，这一技艺迅速被社会大众所学习推崇。2012年，大布江拼布绣入选湖南省非物

质文化遗产，现正在申报国家级非物质文化遗产。

（二）推介传承，助力了主流价值和优秀传统文化的传递与传播

一是建立爱心传承基地。通过基地开展各类培训活动，在活动中让孩子们学习古老技艺，培养爱国主义情怀，特别是在永兴特殊学校建设的大布江拼布绣"爱心传承"基地，让特殊少年儿童在基地学到技艺的同时，还受到了社会的关爱，增强了自信心。

二是开设社区老年大学大布江拼布绣学习班。学习班不仅能让老年人学到技艺，也能满足老年人老有所学、老有所为、老有所乐的精神需求。

三是融入红色教育。在社区教育中教居民拼绣五星红旗、军帽（服）、草鞋等具有红色纪念意义的手工作品的过程，也就是用非遗文化诠释红色精神，开展国防教育的过程。

四是成为劳动教育课程资源。2022年9月，大布江拼布绣被纳入湖南省劳动教育实践高中教材，成为大中小学劳动教育必修课程。

（三）创新开放，助力永兴社会经济发展

一是积极助力就业。很多街道社区通过开展大布江拼布绣技艺学习培训，帮助无业居民获得谋生的技能。一些无业妇女正是通过社区大布江拼布绣技艺培训，学会了拼布绣技艺，然后自己在家制作绣品售卖，以此获得一定收入。

二是打造"古色"文化品牌。大布江拼布绣是郴州唯一入选省级非物质文化遗产的项目，2018年还被列为湖南老字号。为扩大其社会影响，永兴县以此为依托，积极打造非遗特色文化品牌，在每年的节庆日都会进行大布江拼布绣作品及技艺展示，以扩大其影响。2020年11月4日，第三届中国国际进口博览会在上海隆重开幕。大布江拼布绣作为郴州市唯一参展的省级非遗项目，尽情向全世界展示永兴乃至锦绣潇湘古老文化的新鲜魅力。

三是走向世界。2015年大布江拼布绣作为郴州市唯一代表，被省文化厅推荐到澳大利亚参加国际文化交流；2016年和2017年被省商务厅推荐参加法国巴黎国际展和意大利米兰国际手工艺博览会；2019年2月，由文化和旅游部港澳

台办公室、澳门特别行政区政府文化局、文化和旅游部民族民间文艺发展中心等协办的"2019新春贺岁，祈祥纳福艺术展"活动，在澳门塔石广场和南湾雅文湖畔举行。此次新春贺岁活动，文化和旅游部共精选了湖南和山西两省十个非遗项目（传统手工技艺）进行展演，其中湖南非遗项目中就有大布江拼布绣。大布江拼布绣走出了永兴，走出了郴州，走出了湖南，走向了世界。

牛角帽

待嫁新娘

诵读国学经典，弘扬中华美德

——宁远县社区学院工作经验

一、案例背景

2013年4月21日，永州社区大学宁远县社区学院联合宁远县教育局在宁远文庙成立"宁远舜德国学馆"，由宁远县教育局研究室副主任、中学语文教研员胡坤玲担任馆长。国学馆的办馆宗旨为"诵国学经典，传中华美德"。国学馆为纯公益性教育机构，免费向社会开放。国学馆章程明确国学馆是广大热爱国学者学习传统文化、提升品行修养的场所，来国学馆工作的人员全部为义工，没有一分钱补助；国学馆免费向公众开放，不收学员一分钱；国学馆周末开课，任何情况下都坚持不变。

国学馆成立七年来，以国学讲座为主要方式弘扬传统美德，组织本地志愿者教师、高校教师、老中医、国学讲师等在国学馆进行专题讲座达200余场，听众上万人次；以亲子共读经典为主要形式，组织6-13岁孩子诵读国学经典；同时兼顾家庭教育培训，在学校和社会上成立多个学习经典读书会，吸引600余名教师、家长自觉参与。

二、主要做法

（一）服务家庭，开展家庭教育学习活动

宁远县社区学院每年通过国学馆不定期开展家庭教育的培训讲座不少于30场，深入社区开展的培训不少于170场，还专门从深圳和东莞聘请专家来讲学。2018年7月，学院聘请东莞"六和之家"来到国学馆做"幸福人生"家庭教育培训，

优质的课程与贴心的服务让众多家庭受益。

除此之外，宁远县社区学院还大力开展家庭有奖读书活动，提倡以家庭为单位把经典诵读一百遍，如举办"论语一百""道德经一百""了凡四训一百"等读书活动。每次活动还特别定制刻有"诵读经典，道德传家"字样的水晶奖杯，以奖励完成诵读任务者，进一步激发家长和孩子的读书兴趣，推动书香家庭建设。

孩子在与家长在国学馆内诵读经典

（二）服务学校，开展学校教育学习活动

2018 年 8 月至今，在永州社区大学、宁远县社区学院、宁远县教育局和"中华少年儿童慈善救助基金会留守儿童经典诵读工程"项目组的支持下，国学馆向全县中小学和社区延伸，目前已有实验小学、印山小学、德兴小学、宁远十二小等城区学校，以及湾井完小、九疑学校、柏万城完小、下坠完小、湾井中心校共9 所乡镇学校成为"经典诵读"实验学校。通过在实验学校开展经典诵读到国学讲座、读书会等国学教育学习活动，成功吸引了近万名中小学师生参与国学经典诵读学习。

（三）服务社区，以行动汇聚爱心传递文化

多年来，宁远县社区学院通过国学馆不断为社区送去爱心，帮贫助困，并且

成立了"慈善互助小组"，先后救助过许多贫困的孩子和孤寡老人。定期开展帮扶活动，组织国学馆的学员为蓝山苦志育才学校捐衣捐书捐款。与琵琶岗村建档立卡的贫困家庭子女开展手拉手活动，给贫困孩子上课、表演节目，将书籍和礼物送到他们手中。与贫困家庭建立联系，把友爱、智慧传播到这些孩子的心里。

三、难点突破

（一）解决了选址问题

宁远县社区学院成立舜德国学馆，首先面临的便是场所选址问题，所选场地既要体现一定文化底蕴又要足够宽敞明亮。经过精挑细选后，最终将国学馆设在了宁远文庙的一间厢房内。目前，馆内的设施设备，包括桌椅、音响、多媒体教学设备皆已由宁远县教育局出资购好，日常管理则主要由胡坤玲老师及其他志愿者教师共同负责。

国学馆学员到偏远贫困社区与留守儿童和贫困儿童交流学习

（二）解决了教师队伍建设问题

好的教育需要好的教育者。国学馆成立初期，馆内只有馆长胡坤玲一位主讲老师，但随着报名参加的学员越来越多，国学馆迫切需要组建一支专业的国学讲师队伍。2015年初，在宁远县社区学院和宁远县教育局的支持帮助下，国学馆组建了志愿者教师队伍，由一群以义务传播中华优秀传统文化为宗旨的讲师们自发组成。他们来自县城的各个社区，因共同信念而聚合，倡导知行合一，反对以死记硬背的方式来读经典、学经典，提倡从生活中感知经典，从经典中感悟做人之道、传承优秀传统文化。2016年初，国学馆还成立了一支义工队伍，由前来学习的学员家长们自发组成。国学馆的日常事务都是这群义工家长们自发自愿无偿完成的，他们以自己的实际行动带动感染孩子们向善向上。部分义工家长在国学氛围熏陶下持续学习，经过自我提升成长为义教讲师。国学馆的义教规模和义工队伍在这种无私奉献的环境中不断发展壮大。

四、成效贡献

（一）弘扬了中华美德和国学礼仪

国学博大精深，蕴含着许多做人的道理，对于小学生具有重要的启发和引导作用。因此国学馆十分重视礼仪培训，通过设置固定班级，开班授课。以亲子共读国学经典为主要教学形式，每期招收6至13岁的孩子和家长50名左右，共同诵读国学经典，学习传统国学礼仪，增强了学生和家长的礼仪意识和自律意识，让礼仪之风深入人心。国学馆也常常组织学员利用星期天下午去公园等地捡垃圾、扫地，去养老院打扫卫生、表演节目等，用实际行动弘扬了中华传统美德。

（二）传播了国学理念

宁远县社区学院通过国学馆不定期地举行"国学知识进万家"活动。活动主要是国学讲师走进学校、机关、社区等单位，进行专题讲座，为广大群众送去国学知识，助力和谐家园构建。此外，国学馆每年至少举办2次游学活动，让社会上更多人了解国学理念。他们背着《本草纲目》，请教知名老中医，去九嶷山认识中草药，通过采药增长相关知识，向人们传达重视祖国医药的理念；他们在大自然里放声朗读，大声吟唱，感受读书的乐趣。

（三）传承了中华传统文化

从 2016 年开始，每年 9 月 28 日孔子诞辰这一天，也是宁远县委、县政府纪念孔子诞辰和表彰优秀教师的日子。每年的这一天，宁远县社区学院都要组织国学馆的孩子们在文庙表演国学节目。孩子们身着汉服，以至诚的声音吟唱《黄帝颂》，诵读《大学》，让全体与会人员接受孔子思想的洗礼，体现了对优秀传统文化的传承和弘扬。

（四）为居民增添了幸福感

国学课堂上孩子和家长一起读经典，下课后，家长们经常举办家庭教育分享会。比如，针对提出的如何解决夫妻矛盾，如何养育孩子，如何做好妻子丈夫，如何做好婆婆等问题，志愿者教师都会耐心解答。因此来国学馆学习的家长，都很感谢自己的孩子。他们说因为有孩子，自己才想来学国学；学了国学，才知道受益最大的是自己。国学馆给家庭带来了和睦，为居民增添了幸福感。

四、经验启示

舜德国学馆没有资金支持，没有人员编制，却办得红红红火火，辐射出强大的教育能量，主要有三点经验：

一是创办者不忘初心。国学馆免费向社会开放，不收取任何费用，用国学智慧吸引各路精英的加入，创办者始终不忘把国学馆办成传播中华传统文化的窗口的初心。

二是重视知行合一。从志愿者教师、义工到学员，都注重强调学以致用。因注重实效，前来学习的家长和孩子都能得到实实在在的国学熏陶，受到优秀传统文化的影响。

三是重视志愿者教师队伍的建设。教师队伍素质的高低，直接影响育人质量。志愿者教师每天都要进行自学，每星期都要开展集中学习，不断提升自身素养和水平。

五、后续举措

（一）探索挖掘更好的国学教育模式

为了让国学教育不断传承，国学馆需要不断创新学习活动形式，探索更好的教育模式。

一是要在国学经典阅读教学中，注意把握学生的年龄特征和认识水平，做好适当的铺垫，用文字的魅力引领孩子，让"趣味"成为领路人；二是要围绕不同的主题组织学生开展丰富多彩的读书活动，如朗诵比赛、演讲比赛等；三是要在诵读过程中，重视活动的一系列过程性资料，如学生诵读情况分析、学生诵读比赛、家长意见征询记录、照片等的收集整理，并及时总结好的做法，有利于进一步开展诵读的研究。

（二）加强师资队伍建设

目前国学馆的教师都是由一群以义务传播中华优秀传统文化为宗旨的讲师们自发组成的，专业的国学教师较少。因此需要以人才培养为核心任务，不断加强师资队伍建设。要发挥现有的国学名师引领作用，同时积极引进优秀人才，增强国学馆的社会效益，吸引更多的专业国学教师加入队伍当中。

（三）更好的助力社区教育发展

近几年来，社区居民对于中国传统文化的学习热情日渐高涨，特别是随着《百家讲坛》《中国诗词大会》等节目的热播，国学越来越受到社会的重视，广大居民对国学等传统文化的学习需求日益增长。为满足广大社区居民的学习需求，今后我们将在社区中开展"品味国学经典，传承中华文化"的国学教育活动。通过开展此类活动，更好地为社区送去国学知识，助推社区教育发展。

踏歌雪峰　舞美人生

——怀化社区大学"雪峰山民族歌舞体验"项目实施工作回顾

一、案例背景

习总书记指出，"中华优秀传统文化是最深厚的文化软实力，是中华民族的根与魂"。湖南雪峰山脉，自古为汉侗苗瑶等多民族聚居地，自然资源独特，多民族灿烂文化与多种宗教文化并存，历史悠久，非物质文化遗产丰富。

2014年，生活在雪峰山脉的文旅志愿者们，顺应当地百姓文化生活的要求，本着传承和保护非物质文化遗产、发展家乡经济文化的宗旨，组建了雪峰山民族艺术团。2017年，在雪峰山民族艺术团的基础上，挂牌成立怀化社区大学雪峰山民族艺术团。2019年，怀化社区大学被湖南省教育厅授予"湖南省老年教育学习体验基地"称号。几年来，艺术团扎根雪峰，融入群众，以传承和发展农耕文化、民俗文化为重点，挖掘创编具有鲜明民族特色和文化底蕴的歌、舞、戏等优秀作品，多次代表怀化市参加全省、全国大赛，代表湖南省参加文旅"沪洽周"活动，并参与进社区、入景区、下乡村的惠民培训，屡获好评。艺术团为振兴乡村、推进基层文旅事业发展作出了积极贡献。

二、主要做法

围绕"一坚持两服务"办团宗旨，通过自筹、争取和服务等途径筹措活动经费；拓宽培训渠道，扩大社区教育影响；坚持课堂教学与实践体验相结合，吸引和凝聚广大团员；下基层进社区开展活动，扩大办团影响。

（一）有针对性地开展项目培训

针对基地学员的需求，开设专业基训、原创作品和民俗技艺传承课。聘请专业教师或非遗传承人，实行分班学习，为确保学习效果，严格考勤。为将基地学员培养成以歌舞为主、兼修别样的实用型人才，基地课程安排如下：每班每周两节课，其中第一节是舞蹈、声乐或戏剧小品基训课，第二节是本基地原创歌、舞或戏及民俗技艺课。积极开展公益培训。公益培训分为参培与送培两种。专业参培的对象是基地骨干，他们作为储备师资，每年两次参加由怀化市艺术馆或市舞协举办的"以舞会友"提升素养公益培训。惠民送培的对象是市民和村民，每年至少两次，通过送培训进社区、入景区、下乡村，为市民和村民提供歌舞等艺术类惠民服务。

班级名称	培养方向
雪峰班	进社区辅导员
花瑶班	原创舞蹈展示
秀舞班	创意秀舞展示
冯娥班	原创戏或民歌展示
文旅班	景区演员辅导
乡村班	乡村演员辅导

（二）丰富项目内容和形式

基地经常组织开展讲座和文艺沙龙。根据基地学员、社区广场舞队队长或教练的工作安排，每月举行一期专题讲座或文艺沙龙，每期 50 人。邀请怀化市艺术馆、市非遗中心、雪峰山文化研究会的老师，讲授歌舞编创的有关理论、文化知识，或基地编导老师的原创新作品。如：2019 年 2 月，请怀化市舞协主席作为主讲人，给大家讲授原创舞编创；2019 年 3 月，参与市文明办开展的以歌舞敬老送温暖活动；2020 年 5 月，根据疫情情况，开展线上文艺沙龙活动，将所编的原创作品拍成《天使的身影》《最美逆行》《坚信爱会赢》等视频，该成果不仅完成了市艺术馆交办的抗疫题材约稿任务，还获得了多项奖励。截止到2020 年 8 月，艺术团已举办专题讲座 26 期，文艺沙龙 18 次，送文化到村 12 次，服务乡镇百姓 6400 人次。

（三）多方式扩大艺术团影响力

一是开展有针对性、有效的培训。依托雪峰山民族歌舞体验基地，积极编排和创作契合本土民俗的歌、舞、戏，积极争取宣传、教育、文旅等部门的支持，通过与合作单位合建学习体验点，开展有针对性的、有效的培训，以传帮带的方式培训当地学员，让当地学员学有所得，学以致用，扩大了基地的影响力和提高了美誉度。二是用有效的激励措施，扩大办团规模。艺术团的办团宗旨是：踏遍家乡山山水水，吸纳团员千千万万，健康同行快乐相伴，为发展社区教育作贡献。为此，艺术团特设了发展社区教育伯乐奖、发展奖和成果奖。伯乐奖是指发展团员有奖，老团员或本团人员成功推荐一人积 1 分，成功推荐优秀的宣传推广大师（能拍摄、会制作、创意好）积 5 分，积分可兑换奖金。发展奖是指争取支持有奖，每发展一个支持艺术团的政府或企事业单位，视单位规模大小，分别可积 5 分到 10 分。成果奖是指团员的原创作品有奖，凡获市级以上大奖的，实行以奖代付、对等奖励的机制。

三、难点突破

经费不足、场地受限和原创作品水平不高是艺术团面临的工作难点。我们采取了如下措施解决问题：

（一）通过合租解决场地缺乏问题

基地拥有固定的教室，这是基地骨干带头，广大学员积极响应，大家一起想方设法才得以实现的。资金方面主要采取了众筹的方式，场地则是长期租用一所培训学校的教室。白天为培训学校所用，周末、节假日、晚上则为社区文化广场和社区学习体验点相商共用。虽然没有从根本上解决问题，但短期内不失为一种很好的解决办法。

（二）通过扩大办团影响解决经费不足问题

为了解决经费困难问题，基地骨干积极参加雪峰山文化研究会和怀化市文化局（馆）组织的各类文化活动。活动中，我们主动宣传艺术团办团宗旨、办团成绩和社会影响，以及存在的主要困难，以求得各方面支持及企业的捐助。如2018年和花瑶艺术团去溆浦县龙潭镇采风，和湖南省广电集团演出总公司到虎形山与呜哇山歌传承人交流，2019年接受新康辉旅游公司邀请参加文旅采风等。艺术负责人张淀老师，作为怀化市舞蹈家协会健康舞专委会执行会长，积极参加了2018年由省文联组织的有歌、舞、戏、小品、文学等专家参加的创作分享，基地艺术团副团长范怀群老师作为县文旅局干部，两次参加湖南省"三区"文艺人才培训。五年来，通过参加以上各类活动并积极争取相关方面支持，共获得社会资助47万余元。

（三）通过对外合作与自主创作解决原创作品费用缺乏问题

一是借机发力顺势而为。2017年创作的原创作品《花瑶踏歌》，为花瑶艺术团委托怀化社区大学雪峰山民族艺术团编导并出演的，花瑶艺术团提供了所有创编和演出费用。

二是自力更生搞原创。自2018年起，艺术团开始自力更生做原创舞蹈。如第一支原创舞蹈《凤凰火鼓》，由团长自任编导，服装道具也为自己设计制作，音乐则是整合本土民间音乐素材而成，整支舞蹈省下了音乐制作费、服装费、专家编导费等开支。

四、成效贡献

（一）原创作品接地气，有灵魂，有特色

雪峰山民族歌舞体验基地原创作品力求深入民间，反映真实。如通过对雪峰山原生态的巫傩文化、呜哇山歌、花瑶挑花等非物质文化遗产的挖掘与运用，对敲苗鼓、蹾屁股、织侗锦、吹芦笙、栽田打禾等动作的捕捉、提炼、加工、整理，创作了一系列原创作品。如：2015年，基地到沅陵辰州傩发源地采风，与沅陵合作的舞蹈《辰州傩韵》荣获湖南省委宣传部主办湖南都市频道承办的第五届"欢乐潇湘群舞飞扬"全民广场舞总决赛总冠军；2017年，舞蹈《花瑶踏歌》代表湖南省花瑶艺术团参加中国舞蹈家协会"戴爱莲杯""群星璀璨人人跳"全国首

届原创舞蹈展演获金奖；2018 年，舞蹈《凤凰火鼓》代表怀化社区大学参加湖南省全省离退休干部"走进新时代 共筑中国梦"广场舞大赛获二等奖。

为溆浦县中国花瑶梯田举行学习体验点挂牌仪式

（二）改编作品创意新颖，获百姓喜欢

几年来，艺术团改编的作品共 48 部（件），其中有不少佳作。如：接受怀化市艺术馆委派，参加湖南省文旅厅扶贫点怀化市会同县高椅乡雪峰村扶贫扶志扶自信活动，仅用三天时间就为从未上过台的村民们量身创编歌舞《红坡贡米香》，此后还 7 次陪同村民参加 2019 年怀化市春晚及省、市、县各种演出，均受到好评。2020 年，为溆浦县阳雀坡腊八节大型民俗活动而创编的大型开场舞《圣山祭祀》，及挖掘古村落美丽故事、为文旅融合服务而编的原创小戏《阳雀坡开山祖母》《冯娥传》及其他一系列耳熟能详的作品。此外还有《甜甜的怀化》《雪峰傩神》《古今神农赋》《银铃摆响的日子》等 38 部原创作品广受好评。

（三）策划执导的活动惠及面广，影响力大

艺术团执行过怀化市春晚，协助过湖南都市频道的"四十年四十村"怀化专场。2019 年被怀化市委宣传部组织的庆祝中华人民共和国 70 华诞大型活动聘为

导演执行团队，所执导的活动有五场，惠及上万人。

第七届湖南省艺术节"三湘群星奖"优秀作品展演

五、后续举措

（一）进一步争取政府、企业、社会组织等各方面的支持

有为才有位，基地今后将积极申办项目，向政府争取资金支持。扩大资源整合范围，多向宣传部、文旅及教育部门汇报，争取服务机会，以寻求充足的资金或资源支持。加强与企业、社会组织等各方面联合，走一条共建双赢的新路径。

（二）充分发挥湖南省老年教育学习体验基地示范作用

在怀化市委市政府及怀化社区大学的支持下，基地将多与社区及企事业单位合作设立学习体验点，发展好家门口的社区教育，吸引更多的文旅志愿者加入基地。申请利用市社区大学多功能厅，每年至少举办两到三期雪峰山民族歌舞学习成果展演，供市民参观学习的同时，加大对学习体验基地的宣传力度，提高知名度，增强影响力。

千年土家非遗　传承戏曲经典

——张家界市社区大学"喜阳阳"工作经验

一、案例背景

张家界山水奇异，人杰地灵，拥有众多浓郁的民族文化。土家山歌、花灯、渔鼓、土地戏、薅草歌、上梁歌、打溜子等丰富多彩的民族戏曲文化让这方土地变得更加厚重和绚丽。在张家界丰富多彩的文化中，阳戏就是其中一份特别的非物质文化遗产，散发着独特的土家韵味。张家界阳戏，历史悠久，源远流长，纵跨十五代，横跨湘鄂西，声驰九澧，誉满三湘，曾被专家誉为"三湘一绝，五溪奇葩"，是全省乃至全国的稀有剧种。

张家界阳戏在张家界境内为地方戏之首，其声腔以张家界方言为基础，它的特点是平仄音分明、儿化韵较多，阴平、阳平、上、去、入五声具备。阳戏是土家阳春人在阳春生产中从民间歌舞提炼出来的，并由艺人以曲牌的形式整理加工，形成了"金线吊葫芦"的独特唱腔，并逐步演绎成戏剧表演形式。2006年经湖南省人民政府批准，张家界阳戏被列入湖南省第一批非物质文化遗产，2011年成功申报为国家级非物质文化遗产。但是由于艺术传承后继乏人，张家界阳戏面临着消失的危机，如有"湘西梅兰芳"之美称的丁祖雪等一些阳戏名家的优秀剧目和优美唱腔濒临失传。为保护、传承和发展张家界阳戏，2015年张家界文旅广体局、张家界市永定区文化馆、张家界阳戏传习所、张家界市社区大学、张家界市老年大学联合实施"喜阳阳"阳戏社区推广实践项目，确定了"千年土家非遗，传承戏曲经典"的项目主题，为张家界阳戏的传承与发展提供强有力的支持。

251

二、主要做法

（一）专业学习树口碑

2014年开始，张家界市社区大学、市老年大学开设专业的阳戏表演学习班和阳戏乐器班，由楚德新老师等教授阳戏基本功、行当分腔、步法身段、剧目写作等内容，目前共有在籍学员两百多名。阳戏表演班主要教授传统唱腔、传统表演技巧等。阳戏乐器班主要教授传统音乐伴奏手法、主奏乐器大筒的演奏技巧、锣鼓伴奏及演奏方法。9年来，分别有十多个节目参加过学校期末展演及每年结业典礼，累计培养了近千名阳戏爱好者。张家界市社区大学、市老年大学专业老师团队研究编写阳戏教材专著，出版了《张家界阳戏集锦》和《阳戏音乐伴奏研究》，主编并公开出版《大庸市戏曲音乐集锦》，撰写发表论文《大庸阳戏正宫调源流探索》《浅谈大庸阳戏假嗓运用》，为阳戏专业学习提供了有力的依据。

张家界市老年大学阳戏表演班

（二）文化旅游齐搭台

"旅游搭台，文化唱戏"，近年来，张家界市政府结合本区域内独特的文化环境，制定非遗相关政策，支持本地非遗文化保护、传承与弘扬，对张家界阳戏尤为重视。不仅在财政上给予支持，而且积极促进当地群众对张家界阳戏的了解，每年举办"元宵灯会"、土家族"六月六"民俗文化等传统节会活动。将群众文化活动与旅游营销紧密结合起来，定期在旅游景点如七十二奇楼、大庸古城、七星山等设台演出，吸引了众多国内外游客慕名前来，既推广了非遗戏曲文化，也展示了城市的文化底蕴。

（三）由点到面全发展

为传承和弘扬戏曲文化，张家界定期开展张家界阳戏进社区、进学校、进村镇等活动，普及阳戏知识，为学生、村民搭建接触、亲近张家界阳戏的平台，从直观上感受其魅力，同时将阳戏元素融入校园广播体操及各类教育宣传之中，开发了"阳戏新唱""阳戏广场舞"等项目。每年"惠民演艺、送戏下乡""春节阳戏进社区"演出达200余场，演出足迹遍布全市的大街小巷、乡镇社区，融入市民生活的各个层面，为弘扬土家非遗戏曲文化贡献了积极力量。

张家界市老年大学学员班送戏进社区

三、难点突破

（一）培养接班人

人才是传承与发展的关键，为探索适合张家界市情的民族戏曲艺术人才培养途径，解决张家界阳戏艺术面临的人才老龄化严重、流失较多、传承不力，以及张家界阳戏表演难度高、演员成才难等现实问题，2006年开始，张家界阳戏传习所与张家界旅游学校联合开设张家界阳戏艺术学习班，实施"十年磨一剑，培养传承人"计划。每十年挑选5名优秀戏曲表演者进行免费培养，从唱腔到身段，从压腿到文步再到亮相，是每天的必修课。17年来，为张家界阳戏的传承培养出中坚人才队伍，并逐渐形成了以庹松霞、李跃胜、李贤臣、吴三洋、李银国、丁祖雪等为代表的老一辈阳戏表演艺术家，以周志家、吕贵平、樊世雄、符奇男、龚飞燕等为代表的中年优秀演员，以及以陈静、赵芳浓、李赛勇、周海燕、龚宝真等为代表的年轻演员，共同组成老、中、青三代传承梯队。

张家界阳戏表演老中青三代传承人

（二）走出新路子

随着我国经济社会的发展，多元文化的冲击，审美方式的改变，戏曲市场观众逐渐流失。对此，张家界阳戏突破传统，大胆革新，针对不同年龄段观众，顺应时事和主题编排适合戏目，以达到寓教于乐和文化传承的目的。内容上，紧贴当下生活，创制出诸多有关乡村振兴、安全生产、扫黑除恶等主题的现代剧目，如《回家》《打通》《城管轶事》和《廉租房外》等。形式上，保留张家界阳戏原汁原味的特色，并与小品、歌舞融合，走出一条人民大众喜闻乐见的新阳戏之路。表演剧目《热火坑》《同志，请您遵守交通安全规则》，小品《生命红绿灯，安全在心中》，音乐快板《廉政花开红更红》等一大批与廉政、环保、交通安全等相关的艺术作品受到群众的喜爱。张家界市社区大学、市老年大学教师团队新创制了《唱支山歌给党听》《戏凤》《七仙女下凡》《俏媒婆》《夫妻双双把家还》等一系列艺术作品，受到学员及大众喜爱。同时，张家界阳戏还进一步明确发展思路，对阳戏表演整章建制，精化演出队伍，更好地调动了演职人员的积极性，提高了演艺水平，走出了演员专业化、演出市场化、经营商业化的路子。

张家界阳戏经典剧目《回家》演出照

四、成效贡献

（一）传承戏曲经典

张家界阳戏是张家界当地社会历史变迁和人类繁衍生息的一部百科全书，反映了张家界历代人民的审美情趣和精神风貌，是张家界民间娱乐的经典表现形式。经历几百年的锤炼和发展，张家界阳戏已形成自己独特的艺术个性，它传承着土家族的民俗文化、风土人情，对张家界乃至湖南省都有着极为重要的意义。近十年来，张家界相关部门不断优化和整合民族传统文化，加强非遗文化传承队伍建设，鼓励民间艺人带徒授艺，加强中青年艺术骨干的培养，使阳戏戏曲艺术后继有人、代代相传。

（二）丰富民众生活

弘扬传承土家民俗文化，丰富居民文化娱乐生活，开展多频次、大范围的送戏活动，吸引了广大市民前来观看。演员们激情婉转的唱腔、奔放优美的身姿、娴熟精湛的表演深深打动了台下的观众。一场场充满土家色彩、惟妙惟肖的阳戏表演赢得了观众阵阵喝彩和掌声。表演者不仅将丰富的精神食粮送到了百姓家门口，还巧妙地融入了理论宣讲、政策法规、文化艺术、移风易俗等内容，丰富了居民群众的精神文化生活，增强了宣传的效果，提高了社会影响力，更让居民群众近距离感受到了文化艺术的魅力，对营造文明、健康、欢乐、和谐的文化氛围起到了积极作用。

创新融合，让湘西素绣"活"起来

——湘西农家女素绣培训

一、案例背景

　　湘西素绣是湘西苗绣中的一种，以黑（青）白对比为基调，色调自然清新，用单色丝线绣在棉布或麻布上，朴实无华。湘西素绣受到楚汉文化和周边少数民族刺绣的影响，既有自己鲜明的民族特色，又具有热烈奔放的浪漫特色。2021年5月，湘西苗绣被国务院列为第五批国家级非物质文化遗产代表性项目。

王良玉在非遗扶贫就业工坊开展素绣培训

　　湘西农家女素绣培训是湘西苗绣州级代表性传承人王良玉为传承和推广湘西苗绣，并帮助当地陪读妈妈和偏远山区留守妇女再就业而开办的一个培训项目。王良玉于2004年开办"农家女画庄"，2015年又成立了古丈县农家女素绣有限公司，2019 年受湘西州博物馆非遗文化大师工作室邀请，担任兼职培训大师。怀揣着通过农家女素绣培训把湘西素绣带出大山，让更多人了解湘西苗绣的魅力的美好希望，王良玉还着手举办了农家女手工艺体验园和工业园，让世界各地的人体验素绣手工艺。其间，她不断开发创新素绣系列产品，让更多农村妇女能就业创业。农家女素绣培训成为州内优秀的终身学习品牌项目。

在全民终身教育如火如荼的今天，优秀传统技艺的传承和弘扬引起了湘西州广大市民的重视，湘西社区大学为此开发了农家女素绣培训项目，以王良玉的农家女素绣有限公司为培训基地，对古丈县内陪读妇女、留守妈妈、易地搬迁和建档立卡户农民开展培训。

二、主要做法

为培养更多的湘西素绣传承人，吸引更多这一非遗艺术的爱好者，农家女素绣培训积极创新培训方式。2019 年，湘西州博物馆非遗大师工作室开展了"农家女素绣"体验项目、"老年教育学习体验项目"等活动。2020 年在古丈公司本部开展定期培训项目，同时接受单位、企业、群体、学校的邀请，进行免费培训。素绣爱好者可随时来学习素绣技艺，体验神秘而又梦幻的苗绣文化。

（一）现场教学体验湘西素绣魅力

在湘西州社区大学的指导下，培训依托古丈县社区学院及农家女素绣培训公司本部，开展实地体验培训。2015 年以来，王良玉受企业事业单位、社会群体的邀请，带领她的团队进行免费培训 50 余场次，培训 3000 余人；并先后培训陪读妇女、易地搬迁、建档立卡农民 670 余人，迈出了助力乡村振兴、精准脱贫的坚实一步。

（二）将湘西素绣培训送进学校

在大、中、小学广泛开展湘西素绣进校园活动。2017 年来学院和公司体验的学生约 1000 人次，2018 年来体验的学生数量增多，其中古阳小学有约 800 余人。2020 年 5 月，农家女素绣公司与古阳小学和古丈一中签订了长期合作培训协议，农家女素绣公司在古阳小学、古丈一中建立了"素绣劳技课堂"，其团队每周为学生培训一次，学生所做作品既可以自留也可以出售给素绣公司，公司按照成本价三倍的价格进行回收。湖南工商大学理学院、湖南工艺美术职业学院等高校也先后到农家女素绣有限公司开展"三下乡"社会实践活动，素绣公司成立社会实践基地，为大学生了解、体验和研究苗绣文化和苗绣产业提供了良好的学习平台。

（三）联合培训非遗项目

为更好地传承非遗项目，同时拓宽湘西素绣的培训范围，湘西州博物馆开展非遗大师工作室与竹编技艺、苗族银饰工艺等传统非遗技艺联合培训，定期在博物馆进行免费培训，所有市民都可以参加培训。

湘西州文广新局授予王良玉"非遗扶贫就业工坊"

（四）老年教育学习体验培训

在培训基地，由专门的培训老师对参加培训的老年人手把手地教授技能，培训结束时，参加培训的老年人都能够提交一幅素绣作品。一些有苗绣基础的老年人，在培训中可以学习到一些新的技巧，如花色搭配、图案的设计以及手编与钩花技巧，很大程度上给老年人提供了又一个可以互相交流和学习的场所，丰富了老年人的生活。

三、难点突破

农家女素绣培训主要是由湘西州级非遗传承人王良玉个人出资兴办的，湘西社区大学、古丈县社区学院及州文广新局非物质保护办公室等单位为王良玉争取了部分资金，总投资 200 万元，但培训基地的设施建设、设备更新及培训规模的扩大与发展还存在很多困难。

（一）寻求更多资金投入，保证培训的正常开展

为解决培训资金紧张的问题，2019 年至 2021 年，王良玉在古丈县内又申请了三个扶贫车间，将之前培训过的妇女招聘回来，除开传统的苗服的制作外，还进行手工布鞋、钩花拖鞋等产品的制作，通过这种方法拓宽销售范围，提高经济收益。还参加了各种创新创业大赛，获得各种奖励，并从文化局、州妇联、乡村振兴办等单位争取项目，获得资金支持，以确保各项培训能够正常开展。

（二）丰富培训模式，拓宽受众范围

素绣培训主要采取的是传统的线下培训方式，湘西社区大学作为指导单位，充分发挥网络优势，拟为素绣培训制作系列视频课件，并将课件上传至湘西老干部（老年）开放大学平台，供注册学员进行学习。同时将这个项目作为"能者为师"的特色共享课程向省校推荐，入选后能让更多人了解和学习素绣技能。

（三）提升培训人员的业务技能，保证培训效果

目前培训工作主要由王良玉一个人承担，其他辅助培训的工作人员 15 人。随着培训规模的日渐扩大，需要越来越多的人加入，而培训人员的优良业务技能是保证培训效果的根本。为此，农家女素绣有限公司加大了对辅助培训人员的业务技能培训，拟招募更多的志愿者和爱好者投入培训工作中，以保证每一次的培训都能够顺利开展。

（四）积极寻找政策支持，提升社会关注度

目前国家对非物质文化遗产的保护和发展有很多的优惠政策，作为州级非物

质文化遗产的传承人，王良玉在传承非物质文化遗产的同时申请相关部门的政策支持，以争取得到多方关注。社区教育部门也理应给予相应的帮助、指导和宣传，推动这一非遗培训的长效进行。

四、成效贡献

（一）社区教育成效显著

农家女素绣扶贫车间培训每月一期，校内培训每周一次，老年教育学习体验培训每季度一次。针对不同的培训人群，制订了不同的培训内容，做到因材施教。王良玉手把手地教授素绣技巧，得到了参加培训人员的高度评价。培训活动的公益性培训宗旨和目标都彰显出社区教育的意义所在。

（二）社会影响力明显提升

近年来，各级媒体对"农家女素绣"进行了多方报道。央视遍地英雄进行了《湖南湘西州女企业家王良玉是怎样练成的？农家女的陪读路》专题报道；湘西网有《闲话古丈苗绣》的专题；《中国民族电子报》以《创新融合，湘西文化遗产"活"起来》为题进行了报道；《今日女报》进行了题为《创造世界纪录的大师级作品，出自只有初小文化的她之手：农家女如何吃上"艺术饭"？》的专题报道；新湖南、团结报等都有关于王良玉与她的"巾帼扶贫车间"的系列报道。2016 年 7 月在湘西州成立 60 周年州庆大会上，王良玉带领 30 多名姐妹创作了 4.2 米 ×2.1 米的巨幅素绣作品——《锦绣茶乡》，被湘西州博物馆收藏，并荣获"世界最大素绣作品"纪录证书；2018 年参加湖南省少数民族传统手工艺品展示所推出的"素绣湘服"荣获三等奖；2018 年参加古丈县委县政府创办的"创意茶旅"年度风云盛典，荣获"设计创新之星"；2019 年参加古丈县第二届创新创业大赛荣获一等奖。2022 年王良玉及其素绣项目分别被湖南省教育厅评为"百姓学习之星"和"终身学习品牌项目"。

五、经验启示

农家女素绣培训作为非物质文化遗产的特色培训项目，与其他非物质文化技艺一起，为湘西州非物质文化遗产的传承营造了良好的氛围，大大地推动了湘西州社区教育的发展。

（一）非物质文化传承与社区教育的发展紧密相连

湘西社区教育的发展为非物质文化遗产的传承提供了更广、更宽、更高的平台，而苗绣等非物质文化遗产的传承丰富了湘西社区教育的内涵，为其增加了更深更富有内涵的文化底蕴。

（二）非物质文化遗产传承与乡村振兴息息相关

苗绣等非物质文化遗产的传承带领更多老百姓走上乡村振兴路，免费培训，提供就业岗位，缓解就业压力，维护了家庭和社会的稳定，促进了湘西当地经济的发展。

王良玉以自己的农家女素绣培训项目带领着一批普普通通的农家女凭着一技之长和坚韧不拔的毅力，走出了一条充满希望之路。在这条路上她用自己的一针一线感染和吸引更多的人走上非遗文化的传承之路，相信在乡村振兴这条阳光大道上她将用针线和用画笔写就更美好的明天。

04 激发夜色活力，践行终身学习

把话筒交给群众

——长沙市芙蓉区东湖街道"东湖夜话"

一、案例背景

长沙市芙蓉区东湖街道辖 6 个社区和 1 个村，面积 10.04 平方公里，人口 7.65 万。辖区内共有幼儿园 10 所、小学 3 所、普通本科院校 1 所（湖南农业大学）、高职学院 1 所（湖南生物机电职院）。东湖街道地处城乡结合部，有乡村、社区，也有高校、科研基地，社情、民情复杂。为进一步弘扬社会正能量，培养公民意识，2014 年 5 月以来，东湖街道办事处因地制宜，因时制宜，精心策划了"东湖夜话"系列活动。"东湖夜话"充分利用社区居民的空余时间，抓住大家喜欢户外散步、闲谈的特点，把活动开展在户外，开展在晚上。活动每周举行一至两期，形式上不拘一格，广场上、楼栋间、田地旁，几杯清茶、几只板凳就可以让大伙畅所欲言。街道把居民群众或校园学子聚集起来，不仅可以通过茶话会增进感情，也可以通过议事解决民生问题，还可以通过讲座、表演提升人群素质，满足精神需求，让居民群众在"东湖夜话"系列活动中有所收获。

二、主要做法

（一）搭起民生"大戏台"

这个戏台的主角是群众，戏样由政府的"独角戏"变为了多方参与的"大合唱"，戏文则涉及群众最为关切的民生领域以及政府部门难以发现的隐患问题。各方上台的角色不仅有街道社区干部，也有作为基层工作提建议的居民，还有专家学者。在"夜话"的戏台上，一把蒲扇、两支话筒、三五居民、几多闲话，以长沙人喜闻乐见的"纳凉模式"，让大家面对面交流，将阳春白雪的理论转化为通俗易懂的小知识，将社区教育从照本宣科的"普通话"转化为居民群众爱听想说的"地方话"。政府部门以"大戏台"为切入口，充分吸纳民意，为决策做参考，俯身听民声，起身解民忧，解决人民群众最关心、最直接、最现实的利益问题。例如，"东湖夜话"有效破解了"绿色烦恼"。芙蓉区滨河路的梧桐飞絮影响了居民与行人健康和车辆行驶安全。街道社区组织芙蓉区城建投、湖南农业大学教授与泉水塘小区、滨河小区居民，召开多次"东湖夜话"，征集各方意见，厘清问题，化解烦忧，逐步将梧桐树迁移，让居民区不再"飞雪"。

"东湖夜话"大学生创业就业主题活动

（二）召开民情"智囊会"

"夜话智囊会"把保障和改善民生作为一切工作的出发点和落脚点，答好民情民意这一"必答卷"，不断增强人民群众的获得感、幸福感和安全感。

1.梳理民情，建立民意"分账本"

梳理所收集的民意内容，按照类别，建立资源、需求、共建等三张清单，按照清单类别对事项进行分类整理，根据各项民情事项的轻重缓急程度，明确各个事项的行动步骤及行动时间。

2. 回应民意，奏响民生"协奏曲"

针对人民群众的急难愁盼问题，进行回应并采取行动，坚持能当面解决的立刻回应，不能现场解决的也要限时办结、及时反馈。在民生事项办理中，依托芙蓉先锋共同体，将社区、街道、职能部门、驻区科研机关单位等主体纳入"一盘棋"，拆除单位"围墙"，让资源从属于各部门的"条块分割"走向为辖区共同服务，有效提升为民办实事的效率。

3. 开展民评，化解民忧"回头看"

针对前期群众反映的问题，进行定期追踪回访，了解办结情况，交由群众评判满意度。从群众说到群众评，发扬全过程人民民主，让人民群众成为各类民生事项的参与者、监督者、评价者。

"东湖夜话"居民议事活动

（三）丰富民间"大讲堂"

1. 形式多样，内容丰富

居民问政，政策宣讲。通过政府部门干部与群众面对面的交流，把最新的政策法规传递给群众，同时就辖区群众对城市管理工作的问题意见进行解答，准确找到城市管理工作中存在的问题和薄弱环节，不但可以解决民生诉求，还可以针对问题开展专项工作。

2. 科普讲座，技能培训

邀请各行各业的专家学者、能人志士给居民送去丰富的讲座和培训。如"东湖夜话"之"大学生创业就业"，通过邀请创业有成的大学生现身说法，塑造大学生良好的就业心态，提高大学生创业就业能力，激发辖区高校大学生创业热情，鼓励他们走上自主创业的富强之路。而以"生产安全""食品安全""消防安全""青春期性与健康知识""校园禁毒 阳光生活"等为主题的"东湖夜话"系列讲座，倡导安全健康生活，丰富了居民的科学文化知识，消除了生活隐患，促进了社会和谐。

3. 自娱自乐，增进情感

用老百姓喜闻乐见的舞台表现形式影响居民，如"东湖夜话之与老红军同庆建军佳节"，与东湖干休所的老红军一起回忆往昔峥嵘岁月，号召居民珍惜来之不易的民主生活。又如以"校园文化进社区""文娱活动进乡村"等为主题的活动，通过载歌载舞的文艺表演，丰富居民业余活动，让居民远离牌桌、电脑桌，宣传文明观念，引领文明风尚。

三、成效贡献

（一）融洽了干群关系

"东湖夜话"系列活动坚持以民意为导向，让人民群众真正成为社区治理工作的当家人，政府部门由管理者变为服务者、推动者，积极引导人民群众成为街道建设的"参谋长"、社区工作的"管家婆"。系列活动的开展有利于人民群众更好地参与社会共建，有利于政府职能部门决策的科学化，能最大程度地增进社会和谐，是一件"聚民心、启民智、惠民生"的大好事、大实事。在"夜话"中，涌现了一批批街道工作的好帮手，黄太天就是其中的典型。这个曾经的"刺头"和"专业上访户"，如今成为街道书记的座上宾。他解散"上访队伍"，志愿成为民情信息员；义务清洗东沙井、寻找街道文化古迹，为推动浏阳河九道湾文旅

激发夜色活力，践行终身学习　第四编

产业发展不遗余力。像这样的好帮手还在不断增加。

（二）提高了人员素质

"东湖夜话"活动中提到的社会现象以及整改措施，给活动参与者上了生动的一课，"东湖夜话"也成为了"社会大课堂"。居民群众、党员干部、专家学者都能从不同角度学到新的东西。随着"东湖夜话"活动的持续开展，更多的民生问题被反映、被关注、被解决。一方面，居民对城管、计生、食安、就业、安全生产等方面的知识更加了解，成为社会正能量的宣扬者，更加支持街道、社区的工作；另一方面，街道的党员干部也通过夜话活动访民情、问民苦，密切了与人民群众的血肉联系，加强了对辖区内民情、社情的了解，提高了工作效率。

（三）打通了信息渠道

媒体重点报道

"东湖夜话"每期一个民生话题，议题全是事关民众生活的大事小事，充分赋予群众话语权，不回避矛盾，不推诿难题。从群众找上门到干部沉下去，干部化被动管理为主动服务，群众从旁观者变为参谋长，形成干群之间的互动。2016年，"东湖夜话"被中组部、中宣部推荐为全国"三严三实"的基层先进典型，被中央电视台新闻联播、人民日报、新华社等中央、省、市媒体集中报道，引起了省委主要领导高度重视。

　　"东湖夜话"是东湖街道开展社区教育的重要举措。社区学校正努力把"东湖夜话"打造成社区公共教育文化体系的新亮点、文化惠民工程的新品牌，让居民参与"夜话"活动成为一种习惯、一种时尚。下一步，将更加充分地利用街道辖区内的高校及科研机构资源，充实"东湖夜话"活动的专业教师队伍；要加强与各级职能部门及各驻街单位的合作，紧盯热点、焦点、难点问题，扩大社会影响力；要适当增加针对失地农民和外来务工人员的职业技能培训，使"东湖夜话"活动更加贴近街道实际情况和人群特点，进一步增强培训效果。

在烟火夜色中绽放教育之花

——长沙市开福区四方坪街道左岸社区的社区教育探索实践

一、案例背景

夜幕降临，万家灯火亮起，四方坪夜市人潮涌动，市民们正享受着夜晚和美食带来的清凉与欢乐。四方坪夜市如今已成为长沙的网红打卡点，也是长沙城北的"人气顶流"。左岸社区与"网红夜市"一路之隔，闹中取静，在夜色中打造了一隅文化教育的新天地。

左岸社区辖区面积 0.32 平方公里，东临德雅路，西至开福大道，南抵双拥路，北靠浏阳河。辖区内共有两个小区，包括先福安置 B 区和有"绿色小区"之称的左岸春天小区，常住人口 6500 余人，驻街单位 2 个。周边有科大附中、科大附小、四方坪小学 3 所中小学以及近 10 所幼儿园。一直以来，左岸社区高度重视社区教育工作，致力于激发群众学习热情，提高群众文化素质和生活质量，先后获得了"中国书香社区""湖南省书香社区""湖南省综合减灾示范社区""长沙市节水型社会示范社区""长沙市和谐精品社区"等荣誉称号。

二、主要做法

（一）夜间课堂，为党员点亮信仰之光

党员学习教育正在全党全国范围内蓬勃开展，党员的分散性、流动性和工作繁忙为他们开展学习教育造成了诸多不便，也变成了基层党组织工作的难点。为了让学习不变成"被遗忘的角落"，左岸社区创新开展"夜课模式"，为忙于工作的党员"开小灶"充电。积极开展党的理论政策、时政要闻等多种贴近实际的具有时效性和指导性的党员教育内容学习。每月的"夜课"活动上，党员开展学

习讨论，畅谈体会，同时鼓励大家献言献策，收集党员意见，集思广益，把一些群众期盼、可操作性强的好点子、好主意挖掘出来，为社区的发展做贡献。

左岸社区组织党员共同学习党的二十大精神

（二）夜读空间，为读者打造文化静地

长沙图书馆左岸分馆位于辖区内左岸春天小区西面，2016年4月正式对外开放，图书馆面积约400平方米。馆内环境幽静典雅、藏书种类丰富、功能齐全，现有藏书约2万册，报刊杂志20余种，一直被居民称为"家门口的图书馆"。周末是难得的自由时间，对于学生党和上班族来说，待在家中看剧或者刷视频，大多接触的是碎片式的快餐文化，不少居民有"加油""充电"需求。为满足居民夜晚阅读需要，长沙图书馆左岸分馆每周六延时开放至23:00，夜读空间为市民创造了一个舒适静谧的阅读环境，且形成了以一个家庭成员带动一个家庭、一个家庭带动一个单元、一个单元带动一个楼栋、一个楼栋带动一个小区、一个小区带动一个片区的学习"辐射效应"，让居民吃上了精神"夜宵"。

（三）睦邻书院，为居民搭建宣教平台

社区充分整合辖区资源，与辖区民营企业携手共建了一家综合性、多功能的公益性服务中心——睦邻书院。服务阵地位于左岸春天小区西面，总面积约300

平方米。睦邻书院坚持"以人为本"的理念和公益性、便捷性原则，为辖区居民提供亲子阅读、家庭教育等内容丰富、形式多样的公益文化服务。目前已经打造了"故事妈妈""品书荟""我是小小演说家"等知名活动品牌，惠及周边居民，形成了社区、辖区单位、居民群众三方共学共建共享新局面。

左岸社区在睦邻书院开展未成年人活动

（四）邻里活动，为群众助力夜生活

左岸社区以开展社区教育为抓手，充分结合社区实际，多举措群发力，积极创新服务方式、方法，开展种类丰富的社区活动，丰富居民的夜生活，切实增强群众的获得感和幸福感。左岸社区倾力打造露天影院，放映红色电影。踏着夜色，居民携老带幼、三五成群地来到社区广场观看电影，邻里围坐，气氛和谐温馨。每逢节庆或纪念日，左岸社区还搭建舞台开展晚会活动，发动社区文艺爱好者登台表演，社区百余名居民到现场共同欣赏精彩节目。同时寓教于乐，将安全生产、环境保护、禁毒防艾等知识穿插到精彩的演出中，让社区的夜晚更加有声有色。

（五）倾心送教，为老小提供精神慰藉

为了进一步满足居民养老服务需求，社区于2019年引进快乐老人大学，开设舞蹈、书法、声乐、瑜伽等20余门课程，吸引了数百名学员前来学习，人气火爆。除正常上课之外，每学期还会举办户外课堂、老年文化艺术节等文娱活动，不断激发学员的兴趣，增强愉悦感，让辖区及周边老年人老有所学、老有所乐。为加强左岸社区精神文明建设，社区争取政府支持，让开福好人馆落户辖区。好人馆面积近1000平方米，馆内集中展示了开福区"道德模范""中国好人"的优秀事迹，供市民、游客观摩学习。左岸社区坚持每年寒暑假期间联合开福好人馆开展假期实践活动，除组织孩子到开福好人馆参观学习，接受好人文化熏陶外，还会组织道德模范带领孩子们开展形式多样的各种活动，如暑期开展的"你好！自然"公益科普、"手绘幸福家庭，童心助力环保"绘画等活动，内容丰富多彩，深受家长和孩子们的欢迎，孩子们的综合素养也得到显著提高。

辖区老年人在快乐老人大学上课学习

三、难点突破

（一）整合资源，扩大社区教育覆盖面

当前，社区居民对于社区教育的需求正在不断增长。但居民的年龄、文化程度、职业收入等均存在不同程度的差别，这也导致各个群体对社区教育的需求不

同，直接影响着社区教育课程结构和教育内容的构建。为了使社区教育活动真正走进居民生活，左岸社区充分整合资源，在场地提供、教学内容选择等方面力求有所突破，满足更多受众需求，扩大受益面。如睦邻书院聚焦未成年人教育，以德育、心育、智育、美育、体育等"五育"为主题，不断培育和涵养和谐文化、书香文化、公益文化；快乐老人大学着力于老年教育，为爱好文艺娱乐的老年群体提供20余堂形式多样的兴趣课程；开福好人馆、露天影院、夜间课堂等面向社会不同年龄、不同层次的人群开放。社区教育的覆盖面不断扩大，软硬件品质得到不断提升。

（二）创新思路，提升社区教育参与度

要保证社区教育活动的健康发展，需要发动全社会的力量，营造各尽所能、各尽其责的社会氛围。各方力量包括政府的支持、企业和社会组织的参与、家庭和个人的加入，只有各相关要素紧密联系、相互渗透、形成合力，才能实现资源共享、多方共赢，推动社区教育活动的健康发展。左岸社区在教育活动中，争取政府支持，使长沙图书馆左岸分馆和开福好人馆落户辖区。同时，引入社会力量，快乐老人大学和睦邻书院倾力为辖区居民提供教育资源和场地，大力挖掘居民群众中蕴藏的丰富教育人力资源，调动他们的积极性，让他们加入到教师队伍，成为支持社区教育的重要力量。

四、成效贡献

（一）满足社区居民的终身教育需求

通过前期的大量走访调研，左岸社区充分了解了辖区居民的教育需求，并依此整合社区内各类优质资源，搭建了面向未成年人、老年人、党员、家长等重点人群的教育平台，有针对性地开展各类终身教育活动，弥补了学校教育和家庭教育的不足，使每个社会成员的学习权利和机会得到保障，充分满足居民的精神文化生活需求。

（二）提高社区居民的家园归属意识

党员学习教育、老年艺术课程、亲子教育课程、休闲文体活动等各个模块的教育内容较好满足了不同年龄、不同行业人群的教育需求。居民足不出户便能在社区内接受文化艺术的熏陶，大大提升了居民对于社区的认同感和归属感。同时，通过引导人们热爱、关心社区，积极参加社区活动，使社区成员自觉把自己的思想和行为纳入社区管理的规范轨道中，不断提升社区居民的参与意识，形成了和谐向上的社区氛围。

（三）提升社区居民综合文化素质

党员通过夜间课堂开展党的理论政策、时政要闻的学习，长沙图书馆左岸分馆作为夜读空间让市民在闲暇时间尽情在书海中遨游，家长在睦邻书院学习亲子教育理论，老年人在快乐老人大学学习感兴趣的才艺，开福好人馆也能给大家带来好人文化的熏陶。通过以上种种途径，社区居民综合文化素质得到极大的提升，大家同心协力，为和谐社区的建设不断增砖添瓦。

多年来，左岸社区竭诚为居民服务，抓紧抓好社区教育工作，多措并举对社区全体居民施以各种形式的教育，打造社区特色品牌，不断推进学习型社区建设。下一步，左岸社区将继续深化社区教育内涵，努力使社区教育工作再上新台阶。

迎着夜校教育之灯，璀璨前行

——云龙社区学校夜间课堂实践

一、案例背景

位于易俗河城区中心的云龙社区，总人口约 2.23 万，辖区内有湘潭县一中、凤凰初级中学、天易金霞小学、贵竹小学、云龙国际幼儿园等多所学校以及多个居民小区。社区凭借教育、交通、购物、就医等便利条件，吸引了周边大量民众搬迁定居于此。但由于属于城市建设拆迁项目，辖区内居民大多为工薪阶层，从青少年到老年人，对各类教育的需求十分旺盛。成立于 2019 年的云龙社区学校建筑面积 2000 平方米，内有教室及实操室 8 间，师资力量较为雄厚，95% 以上的教师具有本科学历。

每到傍晚时分，易俗河城区的居民便纷纷走出家门，享受怡然自得的休闲时光。尤其是灯火辉煌、绚丽夺目的易俗河沿江风光带，更是吸引了本地住民乃至河对岸湘潭市居民成群结队散步、直播游玩，享受繁华夜市生活。为了充分发挥社区学校的教育引领作用，距湘江河岸沿江风光带两街之遥的云龙社区学校，依托师资和硬件优势，开展了一系列服务区域经济和社会发展的夜间教学、研讨活动。

二、主要做法

（一）坚持按需开课，打造精彩夜间课堂

每年年底，云龙社区学校都会向社区居民征集"金点子"，让他们提出自己喜欢的项目或希望学校开设的课程。同时开展走访调研，发放调查表，了解社区居民的学习需求，然后按照学员需求开设课程。比如调查发现"希望开设

计算机课"占比高达 86%，因部分居民不具备电脑操作知识，而减少了很多就业机会，尤其是部分老年人也因不懂电脑操作，阻断了获得更多外界信息的渠道。为此，云龙社区学校利用学校信息化教室的资源，聘请社区内有电脑操作特长的同志担任志愿者和老师，认真制定课程安排表，每周二、周四晚上为社区内需要学习电脑操作知识的居民开办夜间电脑基础知识培训课。培训周期为 8 个星期，授课老师从最基础的内容开始教授，首先认识电脑、硬件、软件、鼠标，再到教授如何申请邮箱、搜索及浏览网页、上网交友等，教学由浅入深、循序渐进。授课老师对学员们提出的问题耐心地进行讲解，并手把手教学员操作。理论讲解与实际操作相结合的教学方式让学员们学习热情高涨，使他们从完全不懂电脑操作，到学会熟练使用电脑浏览网页、查找就业信息，能够在网上娱乐、学习、冲浪。

老师在教学员使用电脑

（二）开展专题培训，服务夜间重点人群

云龙社区学校依托辖区内人员结构优势，针对不同人群的需求，充分利用场地资源，开设了类目丰富、形式多样的交流活动或专题培训，不断提高市民科学文化素质。

　　针对老军人、离退休干部群体，云龙社区学校定期组织开展了主题为"我们在一起"的离退休干部学习培训班课程。学校聘请健康营养学专家，每周六晚为老干部们讲解科学养生知识，并由学校老师组织他们开展诗词接龙、猜谜等娱乐活动，集中组织老干部们在学校图书室看书、学习研讨。老干部们在社区学校欢聚一堂，畅谈祖国和平统一的前景，回忆战争年代的艰苦，提升了他们的归属感、幸福感，让他们充分体会到了国家对他们的照顾和尊重。

　　为了充分发挥妇女在社会生活中的作用，学校从维护和促进妇女健康、关爱妇女出发，以"三八"国际妇女节等节日为契机，每周五晚 7:00—8:30 开设一节主题为"魅力女人"的有关妇女生殖、健康知识的讲座。学校聘请了当地医院的妇科医生，从家庭卫生保健、婚后心理卫生知识、更年期健康、乳腺癌的防治等方面，为妇女普及健康知识，帮助和引导妇女舒缓情绪，促进妇女身心健康。

"魅力女人"公益讲座

（三）依托社团组织，搭建夜间学演平台

　　随着物质文明和精神文明的快速发展，社区各类社团组织蓬勃发展。民众们积极自发参加广场舞、曳步舞团队、腰鼓队、乐器演奏队等社团的娱乐活动。

　　为了使社区教育更贴近居民群众、贴近生活，云龙社区学校为注重形体、热爱文艺的居民开设了广场舞、中国舞、女子礼仪、传统戏剧（京剧、花鼓戏）等培训班。学校积极与各社团负责人取得联系，邀请社团优秀老师对学员进行夜间教学，还特别聘请湘潭县舞蹈家协会会长和专业声乐老师进行指导。老师们利用自己的专业知识，自己编撰教材，从简单的舞蹈动作开始，由浅入深。这种教学方式既激发了居民学习兴趣，又满足了部分上班族的学习需求。

女子夜间礼仪课堂

三、成效贡献

一直以来，云龙社区学校全心为民众着想，广泛利用当地教育资源，合理安排时间，将学习与生活相融合，积极开办社区民众有迫切需求的夜校学习班，形成了"白天忙工作，晚上忙学习"的良好氛围。

（一）辐射范围广，受益人数多

一年来，云龙社区夜校开展固定课程400余次，发放专业技能培训学习资料、音频视频等资料2000余份，培训的学员多达1300余人。其中电脑操作等技能培训学习受益民众约100余人次，各类公益活动课程受益民众约400余人次，各类社团培训课程开设 50 多节，受益人员约 800 余人次。

（二）学习收获大，实用效果好

通过老师的悉心教学和居民的自身努力，参与电脑操作培训的人员中有 98% 以上都取得了电脑基础知识合格证，一部分人获得了新的工作岗位。经过夜校社团班培训的学员，舞蹈动作和歌唱技巧也从机械的动作模仿到初步具备舞蹈神韵，从不懂戏曲到成为戏迷。学员们纷纷利用夜校所学，积极参与各企事业单位、乡镇、民间群体举办的舞蹈表演和文艺表演活动。在全年十多场各类演出中，学员们展示了她们优美的舞姿和悦耳的歌喉。

（三）打响了学校品牌，促进了社区治理

云龙社区学校的夜间课程不仅大大地提高了学校的声誉和品牌影响力，也丰富了社区居民的夜间精神生活，增强了居民的幸福感、获得感。同时，学员之间的相互学习、交流大大促进了民众团结和社会和谐。随着居民素质的提高，社区内极少出现打架、斗殴、抢劫等违法事件，夜间的易俗河城区呈现出一派文明、热闹的景象。

云龙社区学校将继续努力，更好地开展夜间教学活动，不断满足社区居民日益多元化的学习需求，推进基层社区治理，为建设学习型社会贡献力量。

启动"夜实践" 守护"烟火气"

——岳阳楼区教育局社区教育办市民大讲堂"夜实践"

一、案例背景

洞庭南路历史文化街区北起鱼巷子，南至吕仙观，东接先锋路，西临洞庭湖，是岳阳历史文化名城的重要组成部分。街区规划面积约685亩，形成"一轴、两片、多点"的保护结构和"一带、三区、三码头、十九巷"的历史街区空间结构。自开街以来，怀旧的风格、丰富的美食、璀璨的灯光吸引了许多市民前来休闲打卡。为满足群众对优质精神文化生活的追求，进一步扩大岳阳楼区社区教育影响力，2022年岳阳楼区教育局社区教育办依托洞庭南路独特的历史地理人文环境，全面启动社区教育"夜实践"项目，开展了一系列文化浸润、贴心走心的社区教育活动，努力让社区教育服务夜间烟火经济，丰富夜间文化生活，提供夜间志愿服务，打通社区教育关心群众、服务群众、教育群众、凝聚群众的"最后一公里"，实现社区教育与文化旅游的激情碰撞和深度融合，扎实推动岳阳文旅的高质量发展。

二、主要做法

（一）开发沉浸式体验模式，丰富夜文化

围绕吃、行、游、玩、赏、买，社区教育办在洞庭南路历史文化街开发了市民大讲堂"夜实践"项目，结合每月重大节日或宣传日，从市民实际需求出发开设一个主题讲堂，每一期都设计沉浸式体验活动。在南正街街河口，茶艺师以"走进一杯茶的美好"为题开设茶艺课堂，带领市民通过制作茶叶、学习保管方法以及沏茶、品茶来感受中国茶文化的内涵，学习茶文化礼仪，普及茶文化知识。现

场还邀请多名市民和游客参与到请茶、洗杯、投茶、润茶、闻香、出茶等环节中来，用实践引领，用心灵体悟，感受中国茶文化的丰富内涵，体验茶文化的妙境。9月举办市民大讲堂"书法之美"活动，现场对书法作品进行讲解，多名市民上台书写，通过实践让市民体验到了书法用笔之美、结字之美、章法之美。

岳阳楼区教育局社区教育办"夜实践"活动海报

（二）展现地域文化特色，点燃夜经济

洞庭南路历史文化街区是岳阳历史文化名城的重要组成部分，同时也是岳阳城市发展以及湖南近现代化历程的见证，汇集了岳阳各个历史时期的建筑风格与建造工艺，是岳阳千年文脉所系。为了展现洞庭南路文化特色，2022年10月，街区通过整合夜间消费资源，挖掘夜间消费动能，举办了以洞庭南路传统美食、岳阳窑、岳州扇、巴陵戏、洞庭渔歌等本土文化为主题的社区教育夜间文化实践活动。夜游市民和外来游客在主讲人和社区教育志愿者们的带领下，共同品尝洞庭南路传统小吃，参与岳阳窑、岳州扇的工艺制作，进一步增强了居民与游客对岳阳传统文化的认识，使他们能够更加深入地了解岳阳本土文化，有利于地域文化、传统文化的继承与传播。

（三）发挥文明实践力量，提供夜服务

岳阳楼区社区教育办在"夜实践"活动中充分发挥社区教育凝聚群众、引领群众、服务群众的重要作用，联合岳阳楼区新时代文明实践中心，开展了"志愿服务进夜市"主题活动，广泛发动各级各类志愿服务组织和志愿者，以洞庭南路夜市为实践场地，开展"文化进夜市，服务暖民心"系列志愿服务活动。在街河口，社区教育办与岳阳市保护江豚协会、蓝天救援队、岳阳市消防大队等相关部门和组织的志愿者们先后举办了"谨防溺水、安全一夏""找火灾隐患，保家庭平安""爱生命、学游泳、防溺水""守护江豚的微笑""垃圾分类知识宣讲""光影育人周末板凳电影""新时代少年说"等形式多样的夜间文明志愿活动，吸引了广大市民前来参与。

（四）开展老年文化活动，点燃夜间教育

社区教育办利用各种节日契机，在洞庭南路历史文化街积极开展丰富多彩的夜间老年人特色文化活动，激发活力，点亮夜色。在社区教育办、岳阳楼街道、岳阳楼景区管理部门共同协调下，为老年人提供彩灯、音响、布景等服务，保障老年人各种文化活动的顺利开展。同时他们还派出专业艺术人员，为老年活动群体提供辅导，帮助排练文艺节目。丰富多彩的文化活动迅速开展起来。街区充分利用街河口文艺大舞台举办了传统经典朗诵、红歌会、健美操、广场舞等老年人文艺活动，这些充满文化底蕴的老年活动吸引了广大居民驻足观赏。老年人夜间文化给夜游市民们带来精神享受，也成了洞庭南路的社区教育品牌。

三、成效贡献

一年来，岳阳楼区社区教育办面向全市市民和外来游客，以群众喜闻乐见的形式组织开展社区教育"夜实践"，切实提高了人民群众对社区教育实践活动的参与度和满意度。

一是助力区域经济发展。洞庭南路社区教育"夜实践"活动进一步升级洞庭南路夜间消费场景。街区开展的茶文化、美食体验、本土文化等教育活动，成为洞庭南路夜间消费的一大亮点，促使岳阳楼景区、洞庭南路历史文化街的文旅更有烟火气、更有精气神，为社会经济发展贡献了社区教育的力量。

二是焕发夜间文旅新活力。传统旅游景区已不能满足当下游客的旅游需求，也无法适应市场竞争要求。新的旅游业态格局已初步显现。"夜实践"项目通过沉浸式系列实践活动，为旅游产品和服务找到了更多新的价值，进一步拓展了发展空间。

三是创新社区教育新模式。近年来，岳阳市委市政府坚持高位谋划推动，深耕"洞庭天下水，岳阳天下楼"文旅品牌。依托洞庭南路历史文化街和岳阳楼景区，开展社区教育"夜实践"活动是对"社区教育＋文旅"模式的积极探索和践履。通过在旅游景点开展社区教育"夜实践"活动，加大文旅元素在社区教育中的比重，使教育与文旅有机融合，真正实现社区教育助推文旅融合和高质量发展。

点亮夜色品牌，做居民身边温暖的亮光

——常德市武陵区东江街道新坡社区志愿者行动

一、案例背景

近年来，政府大力推动社区居家养老服务项目，各地养老创新实践异彩纷呈。武陵区东江街道新坡社区位于常德市人民路东端，地属城乡结合部，常住人口 2766 人，其中留守妇女 20 人，69 岁以上老年人 167 人，空巢老人 31 人，失独老人 8 人，未成年人 391 人，留守儿童 18 人。作为农转非社区，大部分社区居民都外出务工，社区内留守老人和孩子无人看管照料。

为更好地服务居民，2013 年社区修建了社区服务中心大楼，总建筑面积5600 平方米，内外配套设施齐全。2014 年建成老年照料中心，2017 年建成了儿童之家，将辖区内所有需要夜间服务的留守老人和儿童集中托管，由志愿者提供学习、生活、娱乐为一体的全方位服务。街道党工委、社区党组织与武陵社区学院，以"我能志愿，共创和谐"为主题，以"奉献、互助"为准则，带领广大志愿者立足社区实际，开展形式多样的志愿服务活动，积极为社区居民发光发热，成为社区居民身边温暖的亮光。

二、主要做法

（一）用匠心精准搭建服务平台

1. 健全机构机制

社区成立了新坡社区巾帼志愿者领导小组、新坡社区网格支部志愿者工作领导小组，由社区主任担任组长，社区干部担任副组长，社区教育工作者、志愿者代表、"五老"会员任小组成员，共同商议工作事项；同时聘请专兼职教师定期来社区为志愿者上课，提升服务能力和服务水平。社区健全志愿服务工作机制，构建了有效的保障机制与激励机制；制订了参与社区志愿服务有关规定，建立社区志愿者星级评定和优秀志愿者表彰等制度；提供稳定的资金保障，将社区志愿服务的经费支持纳入财政预算，并成立了志愿服务专项基金。

2. 加强队伍建设

社区组建了新坡社区阅读学习组、卫生保健组、心理辅导组、课后辅导组、生活起居组、娱乐休闲组等十多支专项志愿者服务队伍，共有 653 人，志愿者们针对具体项目与结对对象定点定向开展志愿服务活动。

3. 开展互评活动

社区加强对志愿服务的安排和跟踪了解，及时掌握志愿者参加服务活动的情况，并做好记录。在此基础上，开展志愿者服务互评活动，推荐经常参加活动的在职党员干部、离退休干部、居民群众参与社区评先评优。社区每半年召开一次评比会，对开展志愿活动的情况进行总结、表彰，提升居民参与志愿活动的积极性。

（二）用爱心温情服务点亮夜色

1. 夜间照料关爱老人

新坡社区志愿者组织开展"温情三月 关爱老人"春游活动

针对社区老年人数量多（60岁以上的有400多人，80岁以上的有30多人）、留守老人较多的情况，社区坚持以"文化养老"为切入点，以"社区领头夜间照料、居民志愿服务参与、带动孝老敬亲善行"为主题，开展具有特色的社区"银发教育"，营造了全民学习践行孝老敬亲、扶助弱小的孝德文化氛围。通过开展卫生保健、书画课堂、道德讲堂、器乐演奏、舞蹈表演等各项教育学习活动，全方位关爱社区老人。为老人服务的日间照料中心在夜晚也灯火通明，这里18:00—20:00定期开展"孝亲日"主题活动。每周一的"孝亲理发日"、每周三的"亲情聊天日"、每周五的"孝亲按摩日"，以及同乐生日会逐渐成为老人们生活的一部分，有效缓解了老年人的精神孤独。

新坡社区志愿者日间照料老人

2. 夜色服务护航儿童

社区现有儿童391人，其中留守儿童18人，单亲儿童22人，残疾儿童2人。为解决社区居民的后顾之忧，切实为社区儿童服务，社区成立了"儿童之家"。"儿童之家"位于社区服务大楼四楼，面积约600平方米，下设留守儿童中心、未成年人保护中心，设施完善，功能齐全。室内设图书阅览室、学习娱乐多功能室、亲情聊天室、减压室、男女寝室、厨房、餐厅；室外设儿童游乐园、绿化广场，周一至周五18:00—20:00，周六周日全天，免费向辖区内儿童开放。社区安排专职人员和志愿者照料他们的生活起居，同时还安排志愿者每天为儿童辅导功课，开展丰富多彩的文体活动。社区整合社会资源，联合恒德社工、和善悦家庭教育指导中心、赛达教育、范米粒阅读等机构，为孩子们提供学习辅导、阅读指导、心理疏导、道德礼仪培训、特长培养、素质拓展等服务，教孩子们打球、绘画、下棋、做手工、做科技小实验，为社区少年儿童的健康成长保驾护航。

新坡社区志愿者为留守儿童送去关爱

三、成效贡献

在上级领导和有关部门的支持与推动下，社区以提高社区居民素质、构建和谐文明社区、倡导孝德文化为目标，依托"社区建设的免费养老中心"工程，以开展夜间"银发教育"、关爱青少年为抓手，打造了以德孝廉为特色的志愿者活动品牌，使志愿队伍提升了服务水平，拓宽了服务空间。社区志愿者的优质服务与无私奉献，不仅起到了"服务一方，宣传一方，带动一方"的效应，也弘扬了敬老爱幼的传统美德，使孝德文化渗透到每个居民心中，让社区教育的阳光普照到了社区每个角落。社区先后获得了"全国最美志愿服务社区""湖南省先进基层党组织""湖南省最美志愿服务社区"等荣誉称号。2018年新坡社区的"孝亲学苑"项目被评为湖南省终身学习品牌项目，新坡社区被评为湖南省老年教育学习体验基地。

四、难点突破

志愿服务队自成立以来取得了一些成绩，但随着志愿者人数不断增加，队伍规模不断扩大，开始面临如何加强队伍管理、如何提升志愿者整体素质等问题。为此，社区整合各级力量，加强了对志愿者队伍的领导，将提升志愿者能力水平列入议事日程，把重点放在提升志愿者思想道德素质和科学文化素质两个方面。通过举办家政、电脑、心理咨询和文化艺术等各种培训班，为志愿者们"充电"，增强其服务居民群众的实际本领。同时，社区从多方面关心志愿者的学习、工作和生活，建立联系和走访制度，切实解决他们遇到的难题，为他们开展活动创造必要的条件。这些措施使社区的志愿者管理工作逐步科学化、规范化。

五、后续举措

今后，社区将进一步开发社区志愿者服务项目，充实服务内容，创新项目运行方式，大胆探索社区志愿服务新方式，积极开展丰富多彩的志愿者服务活动，充分发挥党团员在志愿者服务中的模范带头作用。围绕社区教育这一主题，深化志愿服务内涵、拓展志愿服务领域、扩大志愿服务队伍、健全完善志愿服务机制。社区将继续大力弘扬志愿服务精神，贯彻人与人、人与社会、人与自然之间和谐共存、相互关爱的理念，秉承自觉自愿、力所能及的原则，有效动员和整合各类社会资源，共同推进辖区社区教育的发展，不断满足居民们的需求。

文旅融合、互惠共享，打造社区教育亮丽夜色
——永州社区大学柳子街社区学校社区教育创新实践

一、案例背景

永州市零陵区柳子街社区，因唐代文人柳宗元客居此地而闻名，现为全国著名文旅社区。街区位于零陵西山脚下、潇水西岸，面积约 3.9 平方公里，是一个集商贸旅游、历史文化、大学教育于一体的社区。社区历史悠久，有丰富的文化积淀与浓厚的文化氛围，吸引了全国各地游客。尤其当夜色降临，各类群众文化活动轮番上演，丰富了社区居民的精神文化生活，提升了广大群众和游客的获得感和幸福感。

2018 年，永州社区大学在柳子街 21 号挂牌成立零陵柳子街社区学校。柳子街社区学校自成立以来，总结当前社区教育工作中的优秀经验和成果，不断创新，探索出一套符合自身发展需要的社区教育运行机制。学校以现有旅游资源为载体，以文化志愿服务的形式吸纳各界能人专家参与社区教育教学活动，开展了一系列居民喜闻乐见的夜场社区教育学习活动，现已成为零陵区集社区教育理论研究、社区文化培训、社区讲堂于一体的社区教育学习体验基地。

二、主要做法

（一）开展篝火夜舞，促进"夜经济"复苏

每到黄昏，零陵古城赶闹子广场上就聚满了游客，热闹非凡。柳子街社区学校抢抓"夜经济"消费复苏契机，打造特色景区夜间社区教育，将年俗与地方文化有机结合，通过策划开展百人共跳瑶族长鼓舞、竹杠舞、广场舞，百姓家宴等各类互动体验活动，让柳子街社区"夜体验"提质升级，用熊熊篝火吸引四面八

方的市民、游客，点燃了社区教育活动的激情，也点燃了柳子街社区的"夜经济"。"篝火夜舞"成为柳子街社区一道亮丽的风景线，也成为柳子街社区学校的金牌活动项目，群众参与达百万人次。

社区篝火夜舞盛况

（二）学习展示结合，弘扬传统文化

柳子街社区设立了国学文化、柳文化、汉服文化、德孝文化、零陵渔鼓等学习体验点，每周开设三次文化公益课程，均由相关项目的专家或传承人亲自授课，为群众送去体验式教学服务。此外，在古城景区内还搭建了社区文化大戏台，为大家提供学习展示的平台，传承优秀传统文化。社区文化大戏台是柳子街社区学校重要的学习场地及学习成果展示中心，也是百姓大舞台和社区文化传播中心。每逢周末或重大节日的夜晚，社区居民经常在这里组织不同形式的学习成果展示和实践教学活动，通过才艺展示、传唱地方戏弘扬本土特色文化。截至目前共开展各类展演和实践教学活动75场，群众参与达36万人次，群众满意度不断提升。多种艺术形式的交汇和多样文化的碰撞，打造了独具特色的社区文化。

社区文化戏台表演剪影

（三）提供惠民服务，满足居民需要

"文化惠民"是新时代经济社会发展和文化繁荣的一个新举措。近年来，永州社区大学携手柳子街社区学校在柳子街社区开展了系列惠民服务活动，如定期开展"文艺进万家"文艺演出、清明祭柳大典、老年教育教学成果展示、游学研学、"流动课堂"等活动，引导居民践行终身学习理念，营造了全民学习的浓厚氛围。

2021年党史教育宣传活动

293

同时联合社区开展"学党史办实事 党史阅读宣传进社区"系列活动，近百名社区教育学员和文化志愿者在社区进行"党史夜游"活动，覆盖了社区内 7 条街道、6 个大型居民小区，辐射影响上万人次，促进了党史教育真正深入群众、深入基层、深入人心。2020 年 10 月，柳子街社区学校被评为"湖南省优秀社区学校"。2021 年 9 月，柳子街社区被评为"湖南省省级旅游休闲街区"。

三、成效贡献

随着旅游业的升级，情景化的游览体验成为很多消费者的新追求，"穿汉服、游古镇"成为游客深入体验历史文化的途径之一，这为汉服和与汉服相关产业发展带来新的动力，也为社区教育融入文化旅游带来了新思路。2020 年，永州社区大学柳子街社区学校与零陵古城汉服古装店合作，组织学员身着汉服夜晚在古城行走展示，这种将传统文化与沉浸式体验相结合的方式，对游客产生了较大的吸引力，在推动永州"汉服文化"的传承与发展的同时，也形成了"潇湘雅韵传习"这一永州社区教育特色品牌。2019 年，"潇湘雅韵传习"获评"全国终身学习品牌项目"。此外，柳子街社区学校充分结合社区的文化特色，在劳动节、端午节、中秋节、国庆节等传统节日的夜晚于零陵古城举办公益文化活动，在展示社区教育风采的同时，也为大美永州、零陵古城增光添彩，为永州零陵古城的夜色旅游发展注入了新活力。

唱响五溪大地，点亮社区生活

——怀化社区大学合唱团夜间教学实践经验

一、案例背景

怀化开放大学合唱团成立于 2016 年 7 月。多年来，合唱团秉承为基层社区服务的初衷，丰富教育内容，传播中外合唱经典，传承创新民族优秀文化艺术，为大众打造零距离接触和欣赏高雅音乐艺术的文化平台，把合唱团打造成为具有代表性和影响力的怀化文化艺术名片。在怀化市委宣传部、市音协、市文广新局和怀化开放大学的支持、关心和鼓励下，合唱团积极参与怀化市社区文化及各类教育活动。他们从群众中来，也把歌声送到群众中去，得到各级党委、政府和部门的一致认可，赢得了广大人民群众的高度评价，也展示了合唱团的风采，实现了合唱团建团的初衷，为怀化社区教育发展积极贡献力量。同时通过艺术培训、进基层演出等方式丰富了广大社区居民的精神文化生活。合唱团原创的多首合唱曲目，将演出送到了广大农村、厂矿、企业、社区，在培养了一批合唱人才的同时，服务广大人民群众。

二、主要做法

（一）开展夜间课堂，歌唱幸福生活

为了满足社区群众精神文化需求，解决合唱团成员的工学矛盾，合唱团将大部分教学和活动放在晚上进行，每周五晚上组织学员进行教学培训。为鼓舞整支队伍的士气，凝聚人心，方便后续各项工作的开展，合唱团建立了科学的管理机制。在队员选拔上，结合报名者个人的喜好、积极性与实际特点，根据合唱团专家团队的建议进行合理组合。为了适应不同演出对节目的要求，合唱团在排练过

程中根据团员的特点，采用多种形式组织排练文艺节目，如独唱、小合唱、小品、走秀等。经过不断磨合，合唱团队伍已经日益成熟，成为一支有纪律、有担当、有活力的团队。

合唱团进行夜间教学活动

（二）举办歌舞晚会，服务社区群众

多年来，合唱团先后组织抽调 1000 余人次，深入乡村、厂矿、企业、社区举办歌舞晚会，进行了 30 多场次的演出，参与群众达 5000 余人。合唱团根据不同地点、不同观众和不同主题，采取了灵活多样的演出方式，力求达到最佳演出效果。晚会包括合唱、独唱、舞蹈、小品、走秀等多种节目，宣传党的富民政策、扶贫举措，使广大基层群众深深感受到了党的温暖，切实融洽了党群关系、干群关系，较好地满足了基层百姓日益增长的精神文化需求。合唱团先后三年成功承办了怀化市新年合唱音乐晚会；代表怀化市参加了中国音乐家协会、中国合唱协会在韩国和内蒙古自治区举办的音乐节比赛，并获银奖；代表怀化市参加省文广体新局、省总工会演出。2022 年 7 月，合唱团来到半岛城央社区群众身边，展演了独唱、小合唱、大合唱、表演唱、乐器演奏等多个精彩节目，让艺术贴近群众生活，满足居民精神文化需要。

合唱团举办主题为"半岛城央·仲夏之夜"的音乐歌舞晚会

（三）打造"艺术团队"，铸就情感共同体

合唱团的成员带着对音乐的梦想和对人生的美好追求聚在一起，共同享受音乐的美妙和快乐，一起感受高雅艺术，传承和创新本土民族音乐。在学习和交流互动过程当中，团队成员成了情感相通的共同体。

杨彬修教授给合唱团成员上课

多年来，合唱团本着专业引领、夯实基础、培养提高每个学员音乐意识的原则，从怀化学院音乐舞蹈学院聘请专业老师，坚持每周两天的音乐基础知识学习，

每学年结业时须由团艺委会考核。团里有 4 名专业的音乐老师实施常年管理，常设团委会和艺委会。专家团队成员有怀化学院音乐舞蹈学院教授、中国音乐家协会会员杨彬修，学院怀化副教授蒋蓓和副院长、副教授刘洁等专家。

三、经验启示

合唱团为怀化的合唱艺术做了大量工作，在市文广新局、怀化开放大学和市总工会的大力支持下，积极组织、参与社区教育活动，激发了广大群众参与热情，打造了怀化的合唱艺术品牌。

（一）党政支持是合唱团前进的有力保障

党政支持是合唱团持续前进、不断取得成绩的有力保障。合唱团能够连续三年承办怀化市新年合唱音乐会，离不开市委宣传部、文广新局对合唱团的充分信任与经费、物资支持。合唱团多次代表怀化市赴株洲、长沙和内蒙古等地参加比赛，市文广新局、市总工会、怀化开放大学为合唱团拨付了专门经费，解决了团员们差旅、服装等费用问题，确保团员们安心参赛。

（二）创建品牌是合唱团提质的关键

近年来，以怀化社区大学合唱团为代表的怀化社区教育品牌以追求社会效益最大化为核心，体现个性化和差异化的服务特色，展示服务能力，收获良好知名度和美誉度，从而与社区教育对象达成良性的信息互动与沟通。通过积极努力，怀化社区大学合唱团已初具知名度，成为怀化社区教育的一张名片。

（三）资源整合是合唱团发展的动力

合唱团自成立以来得到各方积极支持，实现了资源整合与共享。如怀化开放大学无偿为合唱团提供了上课教室、排练室、办公室、储存室等场地，解决了合唱团场地不足的困难，有利于合唱团的持续发展。

四、成效贡献

（一）围绕中心，唱响主旋律，努力发挥社区教育作用

合唱团是由热爱合唱事业的各界人士自觉组织的社会团体，成员来自各个部门、单位，人才汇聚。合唱团传承和创新怀化本土民间音乐，鲜明彰显以人民为中心的创作导向，宣传怀化经济社会建设成就，紧扣主题，唱响主旋律，努力创作反映中国人审美追求的优秀作品，传播符合社会主流的核心价值观，为中华民族伟大复兴凝心聚力、培根铸魂。

（二）构建平台，深化普及，营造社区文化艺术氛围

为广泛开展群众性合唱活动，提升合唱艺术质量和水平，合唱团连续三年举办了新年合唱音乐会，为提升怀化市合唱艺术水平搭建平台、营造氛围，促进了合唱艺术活动的普及深化。除此之外，合唱团深入城市和农村基层社区，开展一些百姓喜闻乐见的表演活动，为群众带来内容丰富、形式多样的文艺节目。一些大型活动和重大事务均在合唱团全体成员的辛勤努力和协同配合下得以圆满完成。

2022 年 7 月怀化开放大学合唱团为芷江县大树坳村丰收宣传助演

（三）上下沟通，多方培训，积极提高市民艺术水平

在市委市政府的支持下，合唱团聘请中国人民解放军后勤学院政治部俱乐部主任、"军中女子第一棒"黄卓娟大校举办指挥艺术讲座。合唱团通过"走出去"的方式，抓基层、打基础，突出重点，强化培训。近几年来，合唱团派出杨彬修教授、刘洁副教授以及其他专家赴怀化职业技术学院、怀化市财政局、怀化市人社局，以及中方县、溆浦县、麻阳县、沅陵县、通道县，对当地企事业单位的合唱团体进行指导，有效提高了各合唱团的合唱水平。

炫彩夜色　温情绽放

——张家界市桑植社区学院"家长俱乐部"项目

一、案例背景

家庭教育是教育的起点，对于个人的品德形成、道德养成、价值观培育，具有重要作用。长期以来，人们更多地关注学校教育，对创设良好、健康的家庭教育环境较为忽视。为促进家庭教育发展。护航青少年成长，张家界市桑植社区学院创办了家长学习成长的公益性社会组织——桑植县家长俱乐部。俱乐部针对家庭教育中的痛点开设相关课程，开展公益性教育活动，为家长们提供家庭教育的新思路、新方法，吸引家长们前来学习和交流，赢得了广泛好评。

二、主要做法

（一）打造精品课程，聚焦家庭教育

俱乐部课程分为科学养育、原生家庭、沟通成长、情绪觉察、高效学习 5 个主题，目前开设了亲子关系、夫妻关系、婆媳关系、学生心理健康教育、性安全教育、政策宣讲、禁毒知识宣讲、乡村振兴探索、交通知识宣讲等 10 余门课程，共发布 250 个视频。根据社会热点、家长关切的话题，及时调整课程方向，充实课程内容。同时，常态化开展沟通交流、调研等活动，让家庭教育真正落地落实、精准到位。

家长俱乐部进社区开展交流调研活动

（二）创建优质团队，提升服务能力

充分挖掘教育资源，打造优质讲师团队。如邀请本地的教育名家名师、教育机构的优秀教师、专业心理咨询师等来给家长们上课。俱乐部的家长学员也逐步成长起来，互相交流分享实践经验。目前俱乐部已有核心成员 55 名，其中心理咨询师 30 名、体验师 20 名、公益讲师 36 名。由于家长们工作日忙于工作，无暇参与学习活动，俱乐部每周五晚上开展家庭教育沙龙讲座，目前已举办 291 期，参与学习的家长达 17000 余人次。搭建了网络平台，拥有专属 QQ 群、微信群以及微信公众号，发表以学习成长为主题的经验体会约 3000 余篇。

主题讲座《用终局思维迎接 2023》

（三）分享育儿心得，促进个人成长

俱乐部成立后，家长们坚持参加每周五晚上的沙龙讲座活动，坚持写每日晨语分享自己的感悟和心得，还有近百名家长走上了家长俱乐部的沙龙讲台。通过积累与沉淀，家长们的思维方式和行为模式都发生了转变，行动更加积极，情绪更加稳定，教育孩子更有方法，生活与工作更具幸福感。

家长教育心得分享

（四）培育成熟模式，以点带面推广

家长俱乐部探索出了更具普惠性、系统性、多维度的家庭教育课程内容，并形成了可复制、易推广的经验模式，走向乡村和校园。俱乐部的核心成员分组对接一批试点社区，已经在凉水口镇李家庄村、空壳树乡陈家坪村和四个学校进行推广。下一步将在每个乡镇都培育一个试点村，由试点村带动全县两百多个村社区，全面开展推广家长俱乐部公益讲座活动，暖心护航青少年的阳光成长，提升青少年及其家长的幸福感、获得感、安全感、成就感。

三、难点突破

（一）转变传统思维

缺少陪伴、溺爱、网瘾等现象都是家庭教育中的常见问题。父母如果没有与时俱进革新教育观念和方法，家庭教育将很难取得成效。家长俱乐部每天的晨间学习、心得分享与每周的沙龙讲座，给家长们带来了科学的家庭教育理念，并帮助解决家庭教育中的具体问题，助力营造和谐幸福家庭。

关注留守儿童，开展隔代教育讲座

（二）关爱留守儿童

乡村留守儿童多为隔代照料，祖辈监护人对他们的教育往往力不从心，家校之间缺乏有效的沟通，易出现孩子厌学、逃学、辍学等现象。家长俱乐部定期组织开展"关爱留守儿童，助力健康成长"送课下乡活动，采取案例讲解和互动交流等形式，对留守儿童存在的情感缺失、安全意识淡薄、网络成瘾和手机依赖等心理问题进行疏导，让孩子们学会采用积极的方式进行自我调节，以乐观的心态面对学习和生活。

（三）线上线下结合

线下社区家庭教育沙龙开展得如火如荼，成效显著，受到许多家庭欢迎，但也有一些家长出于各种原因无法参与。为扩大家庭教育有效供给，俱乐部探索搭建网络学习平台，建立微信群和 QQ 群，为家长提供线上学习服务。开设了"从育儿个案中看亲子关系""如何激发孩子学习动力""让孩子在传统文化的沃土上成长""如何给孩子进行性教育""婆媳本是一家人"等线上课程，涉及亲子关系、教育理念、生命与健康等多个主题，满足不同家长的需求。

四、成效贡献

（一）提升了家庭生活的幸福感

家庭生活对青少年成长起着重要作用，良好的家庭关系使每一位家庭成员都能感受到安全与爱。家长俱乐部以"个人成长，家庭和睦，社会和谐"为目标，以子女教育为切入点，开设相关课程，举办公益活动，传播了科学的家庭教育理念，使得家长进一步认识到家庭教育的重要性，从而积极营造出和谐健康、温馨友爱、相互帮助的家庭氛围。

（二）搭建了学校教育的连心桥

家长俱乐部积极探索家校合作模式，多次到桑植一中、贺龙中学等学校开展心理健康教育、家庭教育等工作，指导学校心理健康教育体系建立和团队建设，每年受益学生 2800 余人。

（三）扩大了家庭教育的影响力

俱乐部通过家庭教育讲座、游戏互动、每日晨语等寓教于乐的公益活动，走进社区、校园、企业，引导广大家长做智慧父母、建幸福家庭，形成人人知晓家庭教育、重视家庭教育、参与家庭教育的良好氛围。2018年，桑植县家长俱乐部被湖南省教育厅评为"湖南省终身教育学习品牌项目"，2019年被桑植县妇联授予"最美爱心组织"称号。

俱乐部所获荣誉

党的十八大以来，湖南省社区教育事业得到快速发展。省内各级社区教育机构与广大社区教育工作者认真贯彻落实省委省政府的有关部署要求，积极作为，紧贴居民需求，丰富内容形式，创新学习载体，形成了具有湖湘特色的社区教育发展模式，涌现出了一批先进典型，生动展现了全省社区教育事业持续推进的伟大实践。

为深入总结、宣传和展示十年来湖南省社区教育的发展成就和先进经验，传递全民终身学习正能量，我们征采、辑录了各市州社区教育工作实践材料，通过调查研究、研讨交流等程序，编撰成《这十年——湖南社区教育的"四色"创新实践》一书，由湖南大学出版社出版。

本书是集体智慧的结晶，从筹划、汇编到付梓历时近一年。全书由杨斌、吴敏统筹指导，吴晓波、方颂负责结构大纲的制定并最终统稿。第一编由张可人撰写，第二编由曹政撰写，第三编由彭静思撰写，第四编由彭师哲撰写。全省14个市州社区大学做了大量组织与协助工作，为本书的实证研究提供了较为翔实的基础材料。在此过程中，我们参考吸收了许多专家的宝贵意见。湖南大学出版社为本书的出版和发行给予了很大帮助。还有许多为本书的撰写、出版默默奉献的同志，不能一一具名，但字里行间都闪烁着他们的智慧火花。在此对给予本书关注和支持的单位、个人一并表示衷心感谢！

由于编校时间仓促，不当与疏误之处在所难免，敬请读者谅解和批评指正。

编者

2023 年 9 月